子どもからはじまる保育・教育
－地域に根ざした児童教育学－

福山市立大学教育学部
『子どもからはじまる保育・教育』編集委員会

Childhood Education

大学教育出版

刊行にあたって

　人類の歴史において、太古の昔から、社会的な営みである子育ち・子育てが、脈々と続いてきている。この営みは、社会や自然が変化する中で、また近代以降は学校や保育機関等が設けられる中で、かたちを変えながら受け継がれてきている。そして、これからも続いていく。

　現代の社会環境、自然環境の目まぐるしい変化は、子育ち・子育てを一層複雑・多様化させるとともに、課題や問題を複雑・多様化させている。この複雑・多様化した社会的な営みに寄与することが期待され、2011年4月に公立大学初の教育学部が福山市立大学に誕生した。その際に同教育学部が掲げたのが本書の副題「地域に根ざした児童教育学」の創出である。学部誕生から10余年が経ち、同教育学部教員たちがその取り組みをふり返るともに、改めて「子どもからはじまる保育・教育」を中心に据えて、「地域に根ざした児童教育学」を問い合い、語り合い、取り組み合いながらできあがったのが本書である。ただし、その問い合い、語り合い、取り組み合いが、尽くされたわけではない。本書は「地域に根ざした児童教育学」を学び、私たちとともに「地域に根ざした児童教育学」を発展的に展開し実践する学生の教科書として構想され作成されたが、学生以外にも、現職の保育者や教師の方々、研究者の方々にもぜひお読みいただき、本書をきっかけに、ともに「地域に根ざした児童教育学」を問い合い、語り合い、取り組み合えることを切に願っている。

　本書の刊行は、福山市立大学教育学部児童教育学教科書編集委員会（児童教育学教科書作成ワーキンググループ）のみなさんの2年余りにもわたる多大なる尽力があって実現された。ここに記して心から感謝申し上げる。

2025年1月

編集委員長　今中博章

はじめに

1. 本書のタイトル

　児童教育学は、0歳から大人になるまでの子どもの発達を総合的に追求し、保育・教育と福祉との関連を探り、家庭と地域のあり方を学際的な視点で問い直すことをめざして研究・教育を実践している。その研究・教育の原点は「子どもからはじまる」ことである。また、それらを幾重にも取り巻き、複数で構成された層からなる「地域」の存在によって成り立つと私たちは考える。子どもが育つという意味をより深く理解するために、多角的・複眼的な視点を提示することで、「実践的必要から生まれる児童教育学」は構築されていく。そのことは、必要とされる「保育者や教育者の育成」にも大きく関係してくる。

　本書では、「地域に根ざした児童教育学」の創出をめざして取り組んできた経過の現状とこれからの展望についてまとめる。このことで、児童教育学が、子どもからはじまり、地域に根ざした学問であることを再認識し、さらには時代の変化に応じるような再構築を試みたいと切に願う。

　以上のような想いをもって、本書のタイトルを『子どもからはじまる保育・教育―地域に根ざした児童教育学―』とした。

2.「子どもからはじまる」学問であろうということ

　子どもなしには、保育も教育もない。したがって「子どもからはじまる」のだと、ここで単に言いたいわけではない。

　保育や教育にかかわる学問や専門知の発展は、その専門細分化も含め、めざましい。ただし、専門細分化した各領域の専門知は、ときに子どもを部分的・断片的にしてしまうことがある。このことに鑑み、私たちは、先述の一人ひとりの子どもを中心に据えた複数の層を有する場である地域とそこにいる子どもをまるご

と見る、その子どもの全体性を捉える、そのリアルな子どもの姿を見るということにこだわり、今一度、いや何度でも、「子どもからはじまる」というところに立ち返ることを大切にしたい。また、このような姿勢は、社会の変化とともに複雑化・多様化する保育や教育にかかわる実践的課題に対して、領域横断的・学際的にアプローチすることにつながると考える。

3. 子育てや保育・教育が展開される場としての「地域」

　子どもの人生は、自分より先に生まれた人びとによって築かれ、営まれる世界に生まれ出るところからはじまる。そして、子どもは、徐々に世界を知り、世界に参加・適応し、世界を営み、築くようになっていく。この過程には、誕生時には大人による多岐にわたるケアを要するほどに生物学的に未熟な状態からはじまる身体（脳を含む）の発達も関与する。この過程を支えるのが子育てや保育・教育である。ここでいう世界は、一人ひとりの子どもを中心に据えた生活圏と重なり、これを「地域」と呼ぶことにする。「地域」は、家庭・保育所・学校などの空間、それらの空間で子どもに直接かかわる人や物、さらには法律・制度・風習・文化といった複数の層を有する場である。

4. 実践的必要から生まれる児童教育学

（1）私たちの「児童教育学」

　ところで、一般には、「〇〇学」というからには、そこには何らかの理論がある。理論は何のためにあるのか。理論を語る研究者たちが、学会や研究発表の場で、理論をめぐる討論を行うために理論があるのだろうか。
　「児童教育学」にも理論が当然あってよいはず、ないしは、あるべきだと私たちは考えている。「理論がある」と言い切らず、なんとも歯切れが悪いが、これには理由がある。現時点で「児童教育学」は完成していない。私たちは、保育や教育に関する学問は、これまでにもいくつもあることを承知のうえで、「児童教育学」の構築をめざして本書を作成することにした。当然、私たちがめざす「児童教育学」が既存の学問と何ら変わることがないということでは、意味はなく、

つまらない。私たちは、今までにない「児童教育学」を模索中なのである。

(2) 理論─実践をはじめとするいくつもの融合からの可能性を求めて

　一般には、理論は実践に役立つことが期待される。研究者である私たちは、「児童教育学」の理論や方法論（methodology）が保育・教育実践に対して何かしらの貢献をすること（「理論→実践」の関係性）を期待する。ただし、「児童教育学」が射程とする、理論と実践との関係性は、「理論→実践」に留まらない。保育・教育実践を外から捉えて、典型化、抽象化して理論を作るということ（外部からの「実践→理論」の関係性）や保育者・教育者が自身の実践において内在的に機能している理論を外在化させるということ（内部からの「実践→理論」の関係性）もその射程とする。保育者・教育者の中には、目まぐるしく変化する状況の中で、実用的な実践の方法のみを頼りにしてしまい、理論が見えなくなっているようなことがあるかもしれない。反対に、研究者の中には、洗練された理論を重視するがあまり、意図せず実践から離れているようなことがあるかもしれない。しかし、私たちは、保育・教育実践なくして理論はなく、理論なくして保育・教育実践はないという立場に立ち、理論と実践とは分かちがたく一体的であると考える。児童教育学は、次のようないくつもの融合と関連がある。理論─実践、細分化された専門知─領域横断的・学際的な専門知、成長・発達する個体としての子ども─子どもの成長・発達を育む地域、教育研究者─保育者・教育者、大学教員─学生などがある。私たちは、いくつもの融合の中に、新たな児童教育学の構築の可能性を秘めていると考える。それらは決して、二項対立するものではなく、それらの関係性の中には、やはり「子ども」が存在するはずなのである。

5. 保育者・教育者等の育成という課題

　昨今のわが国では、少子化、核家族化の進行に、グローバル化、国際化、情報化の影響が急速に加わり、人びとの価値観や生活様式の多様化が進行している。このことは、子どもたちの育ちの環境や生活自体を大きく変えることになり、子どもたちの教育や保育、及び子育てや子育ちに関連した課題を、より複雑かつ多様にしてきている。このような現状を踏まえ、地域社会の未来を担う子どもたち

の成長・発達を支え、変化する教育環境・子育て環境に対応できる専門性と実践力を備えた保育者・教育者等の育成が必要であると児童教育学は考えている。

6. 本書の編集方針と構成

本書の編集方針は、第一に、子どものリアルな姿からはじめること、第二に、学生、卒業生、修了生、現役保育者、現役教育者と研究者（大学教員）とで協力しながら作り上げることである。以下、本書の構成を示す。

第Ⅰ部では、子どもが生まれる前の妊娠期からはじまり、乳幼児期や幼保小接続期、小学校期、保育者や教育者として子どもに携わる時期などに分類して章とした。各章は、子どもに関するリアルな姿の具体例の紹介からはじまる。子どものリアルな姿の中にある実践的課題に対して、複数の執筆者が異なる視点からの領域横断的・学際的な検討に努めた。子どもを出発点にするとき、それぞれの分野で醸成されてきた専門知は、それぞれの良さや独自性を活かしながら、境界を超えて新たな知を生み出すのではないだろうかと考え、各章でまとめる作業を行った。

第Ⅱ部では、児童教育学にかかわる「研究の方法」を紹介している。児童教育学に関連する学問領域は多岐に渡るため、その「研究の方法」も多様である。そこで、本書では福山市立大学大学院教育学研究科の修士論文でこれまでに採用された「研究の方法」をいくつか抽出して紹介する。

第Ⅲ部では、児童教育学が今後向かうべき方向、並びに前進するのに必要なステップを考察する。福山市立大学教育学部児童教育学科在学生と保育・教育現場等で活躍中の卒業生との対談（対話実践）を手がかりに児童教育学のこれまでと現在地点を確認し、児童教育学の今後の挑戦（向かうべき方向・ステップ）を本書のまとめとして述べている。

編者

子どもからはじまる保育・教育
―地域に根ざした児童教育学―

目　次

刊行にあたって i

はじめに ii

第Ⅰ部　児童教育学の実践例・具体

第1章　妊娠期から就学前までの一貫した継続的な子育て支援
　　　　―対話を通じたエンパワーメント― 2

第2章　子どもの表現 16

第3章　子どもの学びをつなぐ幼保小接続期における教育
　　　　―子どもの姿からはじめる遊びや活動の展開― 30

第4章　子どものための教材・教具 43

第5章　グローバル化する地域社会と保育・教育 57

第6章　特別支援ニーズのある子どもと家族への支援 69

第7章　データサイエンスと子どもの学び
　　　　―統計教育やプログラミングの意義― 82

第8章　子どもの権利を考える 96

第9章　実習における保育学生の学び
　　　　―豊かな感情経験から専門家として成長する― 109

第10章　保育者・教師の成長 123

| 第11章　社会教育施設と学校 | 137 |

第Ⅱ部　子どもと地域社会の実践的な必要を考えるための研究の方法

第12章　歴史研究	151
第13章　比較研究	158
第14章　心理学実験研究	165
第15章　事例研究	171
第16章　観察法	178
第17章　インタビュー法	184
第18章　アクションリサーチ	190

第Ⅲ部　地域に根ざした児童教育学の構築に向けた挑戦

| 第19章　対話を通じた児童教育学の挑戦 | 197 |
| 第20章　地域に根ざした児童教育学の構築に向けて | 203 |

おわりに　208

索　引　209

執筆者一覧と分担　214

第Ⅰ部
児童教育学の実践例・具体

　第1部では、子どもが生まれる前の妊娠期からはじまり、乳幼児期や保幼小接続期、小学校期、保育者や教育者として子どもに携わる時期などに分類して章とした。各章は、子どもに関する「リアルな姿」の具体例の紹介からはじまる。

　子ども、そして子どもに関わる大人の「リアルな姿」の中にある実践的課題に対して、複数の執筆者が異なる視点からの領域横断的・学際的な検討に努めた。子どもを出発点にするとき、それぞれの分野で醸成されてきた専門知は、それぞれの良さや独自性を活かしながら、境界を超えて新たな知を生み出すのではないだろうかと考え、各章でまとめる作業を行った。

第1章

妊娠期から就学前までの一貫した継続的な子育て支援
―対話を通じたエンパワーメント―

正保正恵・渡邉真帆・山内加奈子

> Aさん夫婦は、最近妊娠が分かりうれしい気持ちでいっぱいです。市役所で母子健康手帳を受け取り、より実感と責任感がわいてきました。ただ、初めての妊娠、初めての出産、初めての子育てのため不安もありますし、解決したいことがたくさんあります。
>
> おなかの赤ちゃんのことや産後のお世話についてはもちろん、出産の場所、Aさん自身の心身の健康のこと、パートナーを含む産休・育休・仕事復帰の計画、それにともなう保育所利用開始の時期や手続きなど、次々と頭に浮かびます。Aさん夫婦の実家は隣町にありますが、どちらの親も働いているため、いつもいつもサポートをお願いするわけにはいきません。でも、子育ても仕事も頑張りたいところです。
>
> Aさん夫婦のような家庭が少しでも安心して子育てをするには、どのような支援があるとよいでしょうか。

1. 問題の所在

かつて、高度経済成長期くらいまでは、妊娠・出産・育児は、拡大家族での祖父母や近隣などのネットワークの中で支えられながら行われていた。その後、それらは「私事化」され、夫婦のみ、場合によっては母親のみによるワンオペ育児という言葉にあるように孤独をともなうものとなって久しい。情報はSNS

（Social Networking Service）などでかつてないほど溢れ、逆に情報の波にのまれてしまうほどである。その中にあって、自分（たち）や子どもにとってよりよい環境を選び醸成していくために、どんなサポートが求められているのか。

　児童教育学という枠組みにおいて、この課題に対し学術としてどのよう取り組み、回答を提示できるのか、という視点で検討できればと考える。

　この章では、児童教育学との関連を踏まえつつ、フィンランドで始まったネウボラという仕組みと日本での展開、カナダのノーバディズ・パーフェクト・プログラムに学ぶ親になっていくためのあるいは親として子どもと関わるときの自分の見つめ直し、保育の知見を基にした子どもとの関わりを論じてみたい。

2. 児童教育学というカテゴリーで子育て支援をどう考えるのか

（1）保育分野における保護者／子育て／親支援

　近代においては、私的な領域であるとされてきた家族・家庭に対して直接支援をするということは、学校教育を中心とした分野では長く考えてはこなかったと思われる。しかしながら前近代には多く見られた祖父母や近隣からの援助が少なくなってくる中で、保育の分野においても、保育所での子育て支援が強調されるようになっている。

　厚生労働省（2018）保育所保育指針によると、「保育所における保育士は、児童福祉法18条の4の規定を踏まえ、保育所の役割及び機能が適切に発揮されるように、倫理観に裏付けられた専門的知識、技術及び判断をもって、子どもを保育するとともに、子どもの保護者に対する保育に関する指導を行うものである」とされ、「保育所における保育は、保護者と共に子どもを育てる営みであり、子どもの一日を通した生活を視野に入れ、保護者の気持ちに寄り添いながら家庭との連携を密にして行わなければならない」とされている。

　また、保育所保育指針の第4章1（1）では、保育所の特性を生かした子育て支援について「保護者に対する子育て支援を行う際には、各地域や家庭の実態等を踏まえるとともに、保護者の気持ち子どもとの関わり信頼関係を基本に、保護者の自己決定を尊重すること」「保育及び子育てに関する知識や技術など、保育士等の専門性や、子どもが常に存在する環境など、保育所の特性を生かし、保護

者が子どもの成長に気付き子育ての喜びを感じられるように努めること。」と述べられている。これらを踏まえ、従来の保育学／幼児教育とカテゴライズされる分野では、これらの指針等に基づき、様々な保護者支援・子育て支援・親支援の研究や実践が展開されている。

（2）学校教育家庭科分野における子育て支援

　従来、学校教育とカテゴライズされてきた分野においては、教科教育を中心に学術の体系も作られてきたため、家庭科という教科の保育分野において子育てに関わる研究や実践が行われてきた。

　文部科学省（2017, 2018）学習指導要領では、小・中・高で一貫して領域を「家族・家庭生活」、「衣食住の生活」、「消費生活・環境」の3つに整理し、領域を横断しながらではあるが、とりわけ「家族・家庭生活」の中では、家庭生活を大切にする心情を育むとともに主体的に家族・家庭生活に関わっていくための知識や技術を身に着けるよう体系立てている。

　小学校では自分が生まれた家族との関わりを改めて認識し、現在家族と協力・協同しながらも自分が取り組める家事について考え、中学校・高等学校では男女が協力しながらこれから作っていく家族について、高等学校では、育児不安や児童虐待といった現代の課題を社会の問題としてとらえながらも自分たちが近い将来子育てをする側に立つことも意識しながらの家庭生活をライフプランとして考えるという内容も学ぶことになっている。

　以上のことより、従来の教育・保育に関わる学問分野において、学校教育の中での（将来の）保育・教育、子育て中の親に向けた子育て支援は扱われているが、「妊娠期の当事者」に向けた教育や支援は我が国においては対象としてこなかったということができるだろう。では、どのようなあり方であれば、Aさん夫妻のような不安を和らげることができるのであろうか。

（3）従来の分野を補う教育としてのプレコンセプション・ケアと教科横断的取り組みが必要な包括的セクシュアリティ教育

　これらを埋める試みとして、助産学や保健学の分野で「プレコンセプション・ケア」という概念が提起されている。Conceptionの語源Conceive（コンシーブ）

は「抱く」、「宿る」を意味し、プレコンセプション・ケア（Pre-Conception Care 以下、PCC）は「女性やカップルに将来の妊娠のための健康管理を提供すること」としている。その目的は、①PCC によって若い世代の男女の健康を増進し、より質の高い生活を送ること、②若い世代の男女が将来より健康になること、③より健全な妊娠・出産のチャンスを増やし、次世代の子どもたちをより健康にすることである。

PCC という発想は、WHO が 2012 年に提案しており、ユネスコ（2020）の『国際セクシュアリティ教育ガイダンス』で提案されている包括的セクシュアリティ教育（Comprehensive Sexuality Education 以下、CSE）との関係も明確に示されている。CSE は、基本的人権を基盤とした「性の権利」、多様性を前提としたジェンダー平等の視点、人間関係を中心にとらえたきわめて広い領域を射程に入れ、アジアを含む多くの国で包括的に学校教育に取り入れられている。

CSE のコンセプトは、「子ども、若者の健康と幸福（Well Being）、尊厳を実現する」であるのに対して、PCC は「青少年、成人女性および男性の健康と幸福（Well Being）を増し、その後の妊娠と子供の健康転帰を改善する」である。対象の年齢は、CSE が 4 つのステップ毎に教育を段階に進める（レベル 1：5-8 歳、レベル 2：9-12 歳、レベル 3：12-15 歳、レベル 4：15-18 歳）のに対して、PCC は対象を 19 歳以上としている。つまり、国際的にはこの 2 つは概念的にも年齢的にも連続した教育（学校教育と社会教育）として位置づけられていることが分かる。

ひるがえって我が国の教育やその背景となる学術体系を思い浮かべると、まだ従来の保育学／幼児教育学や学校教育学（教科教育としての家庭科教育や保健体育学など）、保健学や助産学などを縦断・横断して継続的に教育・支援する体系が築かれているとは言えない。教科の縦割りで進んできた我が国では、CSE の導入はそのプロセスの検討から始める必要があると思われる。

3. 子育て支援の取り組みのモデルとしてのフィンランドネウボラシステム

(1) ネウボラとは

　子育て支援については、将来的に学術体系として確立していくことをめざしつつ、実際に妊娠期から就学までの対話を通じた親と子へのエンパワーメントを行っているフィンランドのネウボラシステムを紹介したい。

　ネウボラとは、フィンランド語で「助言の場」を指す言葉で、前史を含めると100年以上の歴史を持っている。第一次大戦後の1920年に小児科医師により自宅出産をするときの衛生知識や保健福祉制度の周知のため、訪問看護に近い形で始まり、1922年に幼児保健所が、1926年に妊婦保健所が設置された。1944年にはすべての自治体が妊婦と乳幼児を統合した現在のようなネウボラとなった。1960年に人口比に対する医師数がヨーロッパで3番目に低かったが、ネウボラシステムの普及により乳幼児死亡率が2％までに下がったという実績を持っている。

　支援の内容は、妊娠指導から出産、子育て支援などを含めた家族支援であり、妊娠時から基礎学校就学前の子どもの健診、予防接種、子育てに関する相談や他機関との連携などが一か所でできるワンストップサービスとなっている（藤井ら，2007）。

　母親のお腹の中に誕生したときから就学するまでのあいだ、ここで定期的に子どもの成長を観察し、医師による定期健診も予防接種も歯科検診も、育児の悩み相談も予約時間をたっぷり使って無料で行われている。それぞれの地域に徒歩で行くことができるくらいの設置数であったが2015年に拠点を減らす代わりに大きくなり、プールやサウナも併設する施設に変えていっている。

　日本での講演会に来たネウボラ（場所）と同じ名前で呼ばれるネウボラ（保健師）たちによれば、彼女たちは利用者とのコミュニケーションの方法としてフィンランドで生まれたオープンダイアローグ（アンティシペーションダイアローグ）を学んでいるようで、利用者と常に対等な立場で対話することで利用者をエンパワーしている。

（2）オープンダイアローグとアンティシペーションダイアローグ

セイックラ他（2019）は、オープンダイアローグを「1980年代から開発と実践が続けられてきたケアの手法であり、そのサービスを供給するシステムや、背景にある思想までを指す言葉」として述べている。また、トム他（2018）は、オープンダイアローグを「統合失調症という病気に対して、現代の標準的な治療法である薬物療法に頼らず、患者自身と家族や関係者を集めたミーティングを開くことで回復に導く治療」と述べている。もっとも特徴的な点は、治療者と患者という二者間の対話ではなく、専門家たちの多様な声（意見）を患者本人やその家族に目の前で聞かせるという点にある。本人は自分を取り巻く人びとがいかに真剣に自分の病に向き合ってくれているかを目の当たりに見聞きすることで、自らの位置づけを見直していくという展開で、この方法は日本の精神医学者たちも注目し取り入れ始めている（斎藤，（2015）など）。

アンティシペーションダイアローグについて、アーンキル他（2018）は「多様な対人支援関係者が関わり合いながら援助の方向性が分からず停滞していたり、異なる支援の立場の人びとのあいだで不安や不満がくすぶり、関係者相互の信頼がゆらいだりして、どうしてよいか分からなくなってしまった状況を打開するために行われる」対話という説明をしている。精神医学を頼るほどではなくとも不安を抱えることが多い時代に、オープンダイアローグの手法を使いながらも「心配レベル」の時点で使える手法に展開していることになる。

（3）ネウボラシステムの日本での展開

日本では2015年より、厚生労働省の管轄で子育て世代包括支援センターが置かれているが、これは、フィンランドのネウボラシステムを応用し、妊娠時からの継続的子育て支援を日本型として提起されたものである。日本においては、子育て包括支援センターは「主として妊産婦および乳幼児並びにその保護者を対象とし、妊娠期から子育て期にわたり、母子保健施策と子育て支援施策を切れ目なく提供するため、実情を把握し、妊娠・出産・育児に関する各種の相談に応じ、必要に応じて支援プランの策定を行う」場所である。形式的にはフィンランドが家族を対象とするのに対して、日本では「母子保健」としての対応であり、（個々の自治体では取り組みの先進事例はあるものの、）制度的には父親も含めた

家族支援とはなっていないこと、継続的ではあるが、すべての妊娠カップルと子どもを継続的に関わり続ける形ではないという点において、フィンランドのネウボラを部分的に導入した形といえるだろう。

　これらの行政による実践を反省的に理論化し、よりよきものにしていくことも、研究機関である大学の役割であるといえ、先に挙げた既存の学問分野と繋げつつ行政と大学が連携できる仕組みが求められているといえる。

　加えて、福山市を含め多くの市町では民間の子育て支援団体が多く活動を行っており、行政も含めて子育て支援の情報をまとめて発信している媒体がある。情報をうまく取り入れ取捨選択することも提案しておきたい。

4. 親になることを学ぶカナダのノーバディズ・パーフェクト

　ノーバディズ・パーフェクト（以下、NP）は、1980年代はじめにカナダ保健省（当時の保健福祉省）と大西洋4州の保健部局によって開発されたプログラムで、1987年にカナダ全土に導入された。主に誕生後の子どもの親たちを対象としている。

　内容は、参加者中心アプローチで、以下の前提でプログラムが設計されている。①親は自分の子どもを愛し、良い親となりたいと願っている、②子どもが健康で幸福であってほしいと願っている、③はじめから一人前の親などいない、④親は誰でも情報とサポートを必要としている、⑤互いにサポートし合うグループの一員となることで参加者は自分の長所に気づき、自分に何が必要かを理解することができる、といったものである。

　目的は、①子どもの健康や安全、しつけなどについて学ぶ、②子育てにスキルを高め、新たなスキルを習得する、③自分の長所や能力に気づくことによって、親としての自信をつける、④学習しながら他の親と知り合ったり、くつろいだり、楽しんだりする、⑤他の親とのつながりを深め、お互いに力になり、サポートしあえる関係をつくる、としている。

　方法は、絵本式子育てガイドブック（カナダでは無料）を使い、様々な場所でトレーニングを受けたファシリテーターにより「親」、「行動」、「こころ」、「からだ」、「安全」という5冊（「父親」という別冊あり）を手掛かりにして親同士が

話し合っていく。なかでも、「親」では、「親自身の問題にどう対処するか」、「さまざまな保育の探し方や選び方」、「地域での子育て支援の探し方」などが話題提供され、その後親たちが次々と不安や経験などを語り合っていく形をとる。

日本においても各地においてこの方法での子育て支援は展開されている。ネウボラシステムが、専門家が親たちに対等な形で向き合ってエンパワーメントするのとは違い、NPはファシリテーターの助けを借りながらも行政や民間で行われており、親が主体的に対話を行いながらお互いにエンパワーメントし合うという形をとっている。

5. 保育の知見をもとにした子どもとの関わり

（1）保育者は子どもをどのようにとらえているのか

2（1）では保育所保育指針を中心に保育の現場で取り組まれる子育て支援の方針や基本的事項を示したが、本節では具体的な子どもとの関わりについて、保育の場ではどのように考えられているのかを紹介する。子どもへの言葉掛けに悩む保護者がいたときに不安な気持ちを和らげられることをめざして、保育の知見をもとに子どもとの関わりについて考えていきたい。

子どもとの直接的な関わりや具体的な言葉掛けについて考える際に、その前提として、あなた（大人）が子どもをどのような存在としてとらえているか、は大きく関係している。「可愛い」、「幼い」、「未熟」、「元気」など、イメージされるものは人それぞれだろう。保育においては、子どもを未熟で受動的な存在ではなく主体的な存在、自ら育とうとする存在としてとらえ、子どもの心身の育ちを援助している（厚生労働省, 2018）。こうしたとらえが基本にあり、保育所や幼稚園、こども園の先生（以下、保育者）は子どもを肯定的にとらえることが関わりの前提にある。簡単に言えば、相手の良い面をよく見て柔らかい姿勢で関わることであり、決めつける発言をしないことである（高山, 2021）。苦手なこと、困っていることは目につきやすいものの、そうした視点で子どもを見ると「あの子はいつもこう」となりやすく、否定的な見方で固定され、それ以上子どもをより理解しようという姿勢がなくなってしまう（高山, 2021）。専門家として、子どもを肯定的にとらえることが、子どもとの関わりや言葉掛けなど、実際の言動

につながっていくのである。

（2）子どもとの関係づくりと言葉

　人と人が関係を築いていくとき、コミュニケーションは必要不可欠である。それは意味を有する言葉に限らず、身振りやうなずき、笑ったり泣いたり、ときには黙り込んだりと、言語・非言語問わない。とりわけ、乳幼児期の子どもはその発達過程上、言語的コミュニケーションが思うようにいかない部分もあるものの欲求等は確かにあり、自分たちの持つ方法でシグナルを送っている。

　生後間もない子どもにとっては、まずは生命を維持するために関わる特定の大人との間に強い結びつきをもつことが重要であり、これにより、自分を受け入れてくれる存在との安心できる関係の中で育つと言われている（ボウルビィ, 1991）。身近な大人には、子どもが伝えたいことを理解しようと努め、肯定的に受け止めること、すなわち応答的な存在であることが大切である。

　子どもと関係を築いていく際の基本として、遠藤（2017）は次の4点が大事であるという。第1に、基本的に子どもが安心して外に出ていくことができる、ここに帰ってくることができる存在として落ち着いた構えであること。安心して戻れる場所があることで、子どもはずっと大人のそばにいなくても、興味のある方へと動き出せる。第2に、子どもがシグナルを送ってきたときにはタイミングよく応え、気持ちに共感したうえで励ますこと。第3に、1点目とつながるが、大人が子どもの先回りをして何でもやってあげるような関わりをしないこと。最後に、子どもからの何らかのシグナルがないときは見守りと時々の声掛けで子どもの活動を励ますことや、環境から支えるなど、さりげなく支えること。

　この基本を踏まえ、ある場面について考えてみよう。A児（1歳）の泣き声が聞こえ、あなたが振り返るとB児（2歳）がA児の車の玩具を取り上げたような場面に出会った場合、すぐにB児を叱るだろうか。もしかすると、B児が車の玩具で遊んでいるところにA児がやってきて、B児がちょっと手を離したときにA児が触ったのかもしれない。B児は突然のことに驚き、「返して」の思いから玩具を取り返そうとした、するとA児がびっくりして泣き出した、という可能性もある。相手がどんなに幼くても、決めつけずに思いを聴くこと、事情を把握しようとする必要がある。遠藤（2017）を踏まえて対応を考えてみると、

「Bちゃんが遊んでいてAちゃんも遊んでみたくなったのかな」「Bちゃんはびっくりしたんだよね。」と子どもの思いに共感しながら受け止めていく。また、心配だからといって玩具の取り合いが起きそうなときに先回りしてA児、あるいはB児をかばいトラブルを回避するのではなく、シグナルを発したタイミングでの介入が望ましい（ただし怪我につながる場合は即座の介入が必要）。ただ、この例においては、発達過程に鑑みると、乳児の時期には我慢や順番は分からず、できるだけ自分の思いを満足にできることが大切であるため、取り合いが生まれないよう、子どもそれぞれが（A児もB児も）満足できるように玩具の数を多めに用意しておくといった大人による環境上の援助が求められる。

（3）乳児期（0～3歳未満児のコミュニケーション）

　上述したが、生後間もない赤ちゃんは、生命維持のためにも特定の大人との強い結びつきが重要である。そのため、泣くことによって空腹をどうにかしてほしいというシグナルを送り、適切にキャッチされると大人はすぐにかけつけミルクや母乳をあげる。このやりとりにより、赤ちゃん自身が泣くことでおなかが満たされ、「快」の感情になることを学び、特定の大人に対して泣く。このように、泣くことはコミュニケーション方法の一つでもある。子育てや保育の中では、どうしても0歳の赤ちゃんを泣かせないようにすることがめざされがちであるが、そろそろ泣く頃、そろそろ空腹になる頃、と見計らって泣き出す前に先回りしてミルクをあげることを続けることは、望ましいとは言えないという（遠藤,2017）。それは、赤ちゃん自身が自分からシグナルを発信する必要性を感じなくなり、伝えることをあきらめていくためである。不快な状況を大人に伝えることは、その後の人生においても重要なことであり、この点は先回りをしすぎないことが大切である。反対に、赤ちゃんが泣いてばかりで辛いという保護者にとっては、赤ちゃんがあなたに思いを伝えようとしている証拠であると考えると少し不安が軽減されるだろう。

　他方、赤ちゃんが泣いているとき以外、大人はどのように赤ちゃんと関わるのだろうか。星他（2009）が保育者に尋ねたところ、特に1～2歳児を対象に、遊びや食事、排せつ（オムツかえ）等の際に目を合わせる、表情や声で共感する関わりが挙げられた。遊びの中には、玩具を介した関わり、わらべうたを歌う、

絵本を読むなどが含まれる。こうした遊びも楽しみながら共感的に応答することで心地よいやりとりにつながり、安心感のある関係となっていく。

また、乳児期の子どもは6か月頃になるとモノを口に入れて確認する。これは発達過程における特徴である。加えて、身体的な成長も著しく、昨日は届かなかった棚の上段も、下段に足をかけ上段までよじ登ってしまうこともある。これは、アフォーダンス（affordance）といって、環境によって行動が促されること（ギブソン，1985）の一つである。みなさんが日常生活の中でエレベーターのボタンを説明書なく押せるのは、ボタンの形状から促されるためである。当たり前すぎて、そのほかの関わり方は想像できないほどだろう。

上記の例においては、誤飲の危険性や落下の危険性から、まずは即座に危険を回避することが最優先である。ただ、制止されてもその後も環境に促され、同様のことを繰り返すこともある。この時期は、言葉で説明するよりも、何か危険が発生しないよう回避する方法を探ることがよい。例えば、誤飲の危険性のある大きさのもの、割れると危ないものなどは収納場所を考え直し、棚から落下すると怪我の危険性がある、あるいは落とされては困るが置いてある状態であれば、環境を見直し、危険を取り除けるよう整えることが望ましい。その上で、単に経験を取り上げるのではなく、可能ならば類似の体験（棚は登ると危ないため止めるが、全身を使って遊びたい思いを尊重できる環境を整えるなど）を用意できるとよいだろう。

（4）幼児期（3～5歳児）のコミュニケーション

乳児期の終わり頃からは、子ども自身の思いや主張が強く表れるだろう。また、子ども同士で解決できること、子ども同士で困りながら解決しようと取り組むこともこの時期には大切である。

ここまで、子どもの思いを尊重することが重要であり、受け止める関わりや寄り添う言葉掛けを中心に述べてきたものの、大人が子どもの思いを尊重できない場面はもちろんある。それは、大人として判断しなければならないことである。主に、危険や病気など子どもの心身に悪影響があると考えられるとき（例：駐車場で走り回って遊ぶこと、風邪気味にも関わらず寒い冬の日にお気に入りの半袖半ズボンの服を着ること）、および他人に迷惑をかけるときや社会のルールを破

るとき（例：友だちをたたく、赤信号で横断歩道を渡るなど）は、思いに共感することはできても行動には寄り添えない（高山，2021）。子ども自身や周囲の人を傷つける可能性がある場合は、回避しなければならないためである。さらに、安全を確保した上で説明することが重要である。こうしたときもまた、乳児のときと同様に「ダメ！」と声を荒げず、目の前の子どもが理解できる言葉で、ストレートに伝えることが求められる。ただ、ルールが分かっていても、大人の関心を向けたいときなどにわざと怒られる行動をとる場合もあるため、状況が落ち着いたときには、子どもの気持ちについて思いを巡らせてみてほしい。

　一方、「ほめる」言葉掛けについても立ち止まって考えたい。大人の言葉掛けを受けて（例：遊びが続いているが昼食前になったので玩具を片付ける）、大人にとって望ましい行動をとったとき、必要以上にほめることには気を付けたい。「ダメ！」の言葉と同様に、むやみに「すごい！」「上手！」とほめられても、何についてほめられているのか分からない。遊びから片付けに気持ちを切り替えたことなのか、丁寧に並べて玩具を箱にしまっていることなのか、友だちの分（家庭だときょうだいの分）も一緒に片づけたことなのか…ほめるときも、寄り添えないときと同様に具体的に伝えることで何についてほめられているのか分かり、子ども自身のうれしい気持ちにつながる。むやみにほめられると、子どもは大人の表情をうかがってばかりになってしまうため留意したい。

　本節の子どもとの関わりに関する例は、多くの保護者が立ち止まる場面であると考えられる。しかし、目の前の子どもが何を考えているのか、どのような思いなのか、まずはじっくり見るために立ち止まることは重要なことである。保育者には、保育における考え方の指針はあるものの、保護者から相談を受けた場合には、知識や技術など専門性を活かしながらも気持ちを受け止め、保護者が子どもの成長に気付き子育ての喜びを感じられるように共に考えていくことが期待される。

6. 結　　論

　冒頭に挙げたAさん夫婦の不安に対して、諸外国ではネウボラシステムやノーバディズ・パーフェクトなどの形でサポートをしており、日本でも各地でそ

れらを下敷きにした取り組みが始まっている。また、2015年からは制度的にはすべての子育て家庭への妊娠時からの継続的な支援が始まっていた。それ以外にもそれぞれの地域での子育て支援など広く網羅する支援が進められている。Aさん夫婦が子どもを授かったときに、出産、子育てが始まり就学するまで行政から継続的に支援を得られると分かったときには不安感から解放され、得られる安心感は大きいことは容易に想像できる。

出産後、育児が本格的にスタートし、子どもが保育施設に通うようになったときには、Aさん夫婦をはじめ子育て家庭の保護者にとって日々の子育ての不安を相談できる相手として、保育者も子育て支援を学びニーズに応えていることも心強い味方である。

しかしながら、学術的にこれらがつながった「子育て支援学」として教育・保育学分野の一つとして体系化され、学ばれていないことが、妊娠期のカップルに必要以上の不安を感じさせているのかもしれないため、今後の課題として体系化と学校教育・保育を通した定着が図られるべきであると考える。その際、CSEの導入を含め、人権に配慮した体系化となるよう、努力を重ねていきたい。

付記
本章の1～4は正保が、「リアルな姿」と5は渡邉が原案を執筆し、6を含め正保・渡邉・山内が共同で加筆・修正を行った。

文献
荒田尚子「女性の健康支援プレコンセプションケアとは」2020年
　（https://www.jaog.or.jp/about/conference/147_20201209/）（2024年2月19日閲覧）
アーンキル，T. E. & エーリクソン，E.，高橋睦子（訳）『あなたの心配ごとを話しましょう　響き合う対話の世界へ』日本評論社，2018
ボウルビィ，J.，黒田実郎・大羽蓁・岡田洋子・黒田聖一（訳）『母子関係の理論　新版　Ⅰ愛着行動』岩崎学術出版社，1991
遠藤利彦『赤ちゃんの発達とアタッチメント』ひとなる書房，2017
藤井ニエメラみどり・高橋睦子他『安心・平等・社会の育みフィンランドの子育てと保育』2007
ギブソン，J. J.，古崎敬・古崎愛子・辻敬一郎・村瀬旻（訳）『ギブソン　生態学的視覚論―ヒトの近く世界を探る―』サイエンス社，1985

星三和子・塩崎美穂・勝間田万喜・大川理香「保育士はゼロ歳児の〈泣き〉をどうみているか――インタヴュー調査から乳児保育理論の検討へ――」『保育学研究』，47（2），2009，49-59

子ども家庭リソースセンター『ノーバディズ・パーフェクト』ドメス出版，2002

厚生労働省『保育所保育指針解説』フレーベル館，2018

文部科学省『小学校学習指導要領（平成29年度告示）解説　家庭編』東洋館出版社，2017

文部科学省『中学校学習指導要領（平成29年度告示）解説　技術・家庭編』開隆館出版販売，2017

文部科学省『高等学校学習指導要領（平成30年告示）解説　家庭編』教育図書，2018

斎藤環『オープンダイアローグとは何か』医学書院，2015

セイックラ，J. & アーンキル，T. E.，斎藤環（監訳）『開かれた対話と未来今この瞬間に他者を思いやる』医学書院，2019

高山静子『改訂　保育者の関わりの理論と実践――保育の専門性に基づいて』郁洋舎，2021

ユネスコ『国際セクシュアリティ教育ガイダンス改訂版――科学的根拠に基づいたアプローチ』明石書店，2020

第2章

子どもの表現

山田真世・古山典子

　Aさんは絵を描くことが好きなくじら組（年長児）さんです。くじら組では遠足や運動会などの行事があった時はもちろん、ビュンビュンゴマが回せるようになったことや歯が抜けたことなど、日々の思いを絵に描き、みんなに伝えることで気持ちや気づきを共有しています。Aさんはお絵描き以外にも、『かごめかごめ』や『はないちもんめ』をしたり、リズムに合わせて身体を動かしトンボやカメになったり、別の日には忍者になって公園で修行をしたりと、くじら組のみんなと様々な表現を楽しんでいます。最近、特に熱中しているのは歌を歌うことです。遠足でプラネタリウムに行ってからは、『たなばたさま』をみんなで歌っています。先生たちが歌ってくれた『星めぐりの歌』もお気に入りで、その後のキャンプでは、歌詞にでてくる「あかいめだまのさそり」を夜空に探しました。キャンプから帰ってくると、「みんなで宇宙に行こう！」とロケット作りを楽しんでいます。

　Aさんには憧れのいとこ、小学生のBさんがいます。虫の名前や妖怪の弱点を教えてくれたのはBさんですし、絵具の使い方やパソコンでのイラストの描き方を教えてくれたのもBさんでした。Bさんが最近楽しんでいることは、3年生になって始まったリコーダーです。音楽の先生から吹き方を教えてもらい、いろいろな曲を練習しています。Bさんのリコーダーの音色はとてもきれいで、Aさんは自分もリコーダーを吹く時を楽しみにしています。さて、AさんとBさんの生活を楽しく、豊かにしている表現活動はどのように生まれているのでしょうか。

1. はじめに：子どもの表現を考えるための2つの視点

　リアルな姿を読んで、子ども時代に楽しんだ表現を思い出した読者も多くいるだろう。幼児期や学齢期に行われる表現は、リアルな姿で紹介されたものだけではなく、製作や劇、ダンス、マンガを描いたり、小説を書いたり、ゲームを作ったり、化粧をしたりとさらに多岐にわたる。

　それでは、「AさんとBさんの生活を楽しく、豊かにしている表現活動はどのように生まれているのでしょうか」という問いは、どのように読者に受け止められただろうか。子ども時代に表現が好きだった読者の中には、表現を楽しむことはその子がその表現を好きかどうかという個人的な好みの問題であって、「AさんとBさんの生活を楽しく、豊かにしている表現活動はどのように生まれているのでしょうか」と問われれば「Aさんがお絵描きが好きだから」と考えた人もいるかもしれない。しかし、表現を楽しむことは個人的な好みの問題なのだろうか。特に幼児期や学齢期の子どもたちにとって、表現を楽しむことは個に閉じた問題になりえるのだろうか。

　私たちは、ある文化の中に生まれ、大人や年長者といったその文化の担い手に誘われながら表現をしている。表現で用いられる媒介物も方法も、個人が新たにゼロから創り出すのではなく、これまでの文化で用いられてきたものを使って表現が行われる。すなわち、表現をすることは前提として他者とのつながりや文化継承を含んでいる。同時に、表現には継承した表現を発展させる、自分の世界を作りだす、作り変えていく創造的な側面も存在する。このような発展、創造を可能とする背景には、身体や認知の変化といった子どもの発達が挙げられる。例えば、1歳児がクレヨンを使う時と5歳児がクレヨンを使う時では、クレヨンの使い方、クレヨンで表現したいことは異なる。そのため、子どもの表現を捉え、考えていくには、発達の視点と文化継承の視点が不可欠であり、本章ではこの2つの視点について詳しく説明をしていく。

2. 発達の視点から子どもの表現を考える

　この節では、発達の視点から子どもの表現を考えるために、まず「発達の視点から子どもの姿を理解すること」について説明を行い、発達という視点の取り方を確認する。そのうえで、保育場面での描画を例に発達の視点から子どもの表現を考えることについて説明を行う。

（1）発達の視点から子どもを理解する

　「発達」と聞いて読者は何を想像するだろうか。子どもの発達に興味がある人ならば、「1歳になると言葉を話すようになる」「5歳になるとクラス集団で話し合いができるようになる」など、ある年齢になると何かができるようになることを想起した人もいるだろう。そこから、「発達の視点から子どもを理解する」と聞いて、「ある年齢でできる（とされている）こと」を目の前の子どもに当てはめて考えた人もいたかもしれない。

　しかし、本節における「発達の視点から子どもを理解する」とは、大人の視点では見えないその時期の子どもの内面世界に目を向けてその子の世界を想像することを指す（木下, 2020）。そもそも、私たちが子どもを発達の視点から理解したい時というのは、保育や教育の場面で目の前の「この子」を理解したい時である。例えば、クラスでの話し合いに参加できず歩き回ってしまうCくんがいたとき、「5歳になるとクラス集団で話し合いができるようになる」けれど、「Cくんはまだ話し合いに参加できない、幼い子なのだ」といった「ある年齢でできる（とされている）こと」を目の前の子どもに当てはめてみることは、一定の事実確認を可能とするかもしれない。しかし、これはCくんに対する私たちの理解を深めたとは言い難く、実践においてどのような保育を展開したら良いのか考えることも難しい。私たちが知りたいのは、「なぜCくんはこのような姿を見せるのだろうか？」であり、この問いを考えるために様々な発達研究の知見や発達理論を手掛かりにして、われわれ大人の視点からCくんの視点にたち、Cくんの世界を想像してみる必要がある。

　また、「発達の視点から子どもを理解する」ときには、子どもの姿の変化を諸

機能の関連や時間軸の中で見ることも必要となる。「1歳になると言葉を話すようになる」ことについて言葉の発達のプロセス（浅川・山田，2019）を見れば、1歳になった瞬間に「ボール」と話し始めるわけではないことがわかる。「ボール」などの意味を持った言葉である初語を発する前には、クーイングや喃語といった発声が生じているし、これらの発声の変化には手の動きといった身体行動との関連も見られている。「ボール」という言葉をボールに対して使えるためには、言葉とその言葉が意味する対象との関係を理解している必要もあり、外界の様々な対象を目や耳、身体を使って探索をして事物への理解を深めていなければならない。さらに、言葉は他者とのコミュニケーションであるため、泣き声や表情、指差しなどの言語以外のコミュニケーションも言葉の発達に影響を及ぼしている。すなわち、「1歳になると言葉を話すようになる」ことを理解するには、言葉の発達という一連のプロセスの中でその意味を考えていくこと、身体や認知の発達、他者とのコミュニケーションなど他の機能との関連の中で捉えることが含まれている。

　このように子どもの姿の変化を考えると、発達とは子ども自身が外界と関わることで自分を変えていく自己運動であることもわかる。例えば赤ちゃんにボールを渡すと、ボールを握ったり、舐めたり、落としたりしながらボールの特性を発見し、ボールへの理解を深めていく。さらに年齢が高くなれば実際に行動をせずとも、心の中でイメージをして、対象の新たな一面を理解することも可能となっていく。私たちは何らかの環境の中に生まれ落ちるが、どのような環境に生まれるかはわからないため、最初からすべての知識を備えることはできず、生まれた環境での試行錯誤により知識を作っていく。したがって、「発達の視点から子どもを理解する」とは、発達を自己運動として捉えることでもある。

　それでは、発達とはその子に閉じたものかといえば、そうではない。子どもが変わるきっかけは子どもたちの中にあるし、子どもが関わる外界を用意するのが保育や教育の役割である。次項では、保育場面での描画を例に挙げながら発達の視点から子どもの表現を理解すること、子どもの表現にとって保育が担う役割について述べていく。

（2）子どもの表現を発達の視点から考える―保育場面での描画―

　リアルな姿にもあったように、幼児期の子どもたちは描画や製作、歌、リズム、ごっこ遊びと様々な表現を行っている。保育の中では、遊びの中でこれらの表現が融合したり、新しい表現へと展開していたりする。例えば、リズムに合わせて身体を動かすことはただの運動にとどまらず、それがトンボになるごっこ遊びともなる。また、歌の世界と子どもの実感している生活が結びつく中で、「ロケットを作る」といった新しい遊びや表現が展開していく。

　中でも描画は、その場に残るシンボルを作り出すという特徴を持っている。その場に残るからこそ他者と共有しやすく、時間が経ってからも見ることができる。様々な画材の組み合わせも可能であるため、身体や認知の発達とともに多様な表現に挑戦することも可能である。子どもが描く姿は、紙をたたくようにして点が描かれたり、横線や円錯などが描かれたりする「なぐり描き期」、円形などの独立した形を描き、絵に「オニギリ」などの命名をするようになる「象徴期」、絵の中に構図が生まれ始め自分の経験やイメージを優先して描く「図式期」、見え方に忠実な写実的表現が好まれるようになっていく「写実期」へと変化していく。これらの変化には、姿勢や手指の使い方といった身体の発達的変化、空間認知や表象の理解といった認知の発達的変化、他者からの見えの理解といった他者理解の発達的変化が複合的に影響している。

　しかし、これら個の発達が揃ったからといって子どもが絵を描くわけではない。個の発達はあくまでも基盤であり、子どもが絵を描いて伝えようとする時には、その子の豊かな生活や遊びの中で心が揺れる経験や発見があり、その経験や発見を伝えたい他者がいる。リアルな姿のように、ビュンビュンゴマが回せるようになったこと、キャンプでさそり座を見たことなど「伝えたい」と思う出来事があり、友達や保育者が表現を受けとめてくれる環境の中で絵という表現が現れる。それゆえ保育では、子どもの豊かな生活や遊びを保障すること、伝えたいと思う人間関係を築いていくことが求められる。

　次の実践は4歳児クラスの保育者による実践報告（上西・牧, 2022）である。このクラスでは描画だけではなく、切り絵や折り紙、ちぎり絵、ぬたくりなど日々様々な表現を行っている。これらの活動を通して身体の使い方や認識、友だち関係が変化しており、保育者は子どもたちと「作ることや描くことって楽し

い」と思える日々を積み重ねている。しかし…。

> 描きたいことは決まっているのに描けないRちゃんとKちゃんがいました。春から描くことに悩んでいたRちゃんはみんなが描いているのを見ながらも、なかなかペンが進まず、時間内に描ききれないことがあり、終わっても自信がなさそうに持ってきたり、スッキリしない様子が続きました。「みんなの見てきてもいいよ」と声をかけても恥ずかしそうにして見に行くこともありませんでした。一方、Kちゃんは春頃はあまり悩むことなく描いていましたが、秋頃から少しずつ悩む姿が出てきました。
> そんな二人が十二月あたりから隣同士で座るようになりました。描き悩むことに共感していたのだと思います。一人が悩むと、もう一人もペンが進まない。でも一人で思い悩んでいる時より、二人で共感しているからか楽しそうでした。「あともう少しで描き始められるかなあ」と思い、無理強いせず見守ることにしました。
> そうして時間が経ち、一月の誕生日会で獅子舞いが来た日のこと。この日も二人は隣同士で、準備中も笑顔でした。「描けるかな」と思いましたが、始まると手が止まってしまいました。するとKちゃんが「どうやって描いたらいいかわからへーん」と言い出し、Rちゃんは隣でうなずいていました。「そっか。むずかしいもんな。ぐるっと回ってみんなの描いている絵を見てきてもいいよ」と声をかけると嬉しそうに二人で見て回り、一周したら帰ってきてKちゃんが「Rくんのやつかくわ」と言ってからは、二人のペンがみるみる動いて、あっという間に大きな獅子舞いを描きました。描いた後にKちゃんが「こんなんしか描かれへん」と言ったので、「まねっこしてもいいんやで。それは二人にしか描かれへんし、まねっこで描けることもすごいんやで。大丈夫やから自信もってどんどん描き」と返しました。そのあと二人から悩んでいる声や様子もなく描ききることができ、「かけた！」と笑顔で持ってきた時は、安心して描くことができたのだと思い、嬉しくなりました。

保育者はRちゃんやKちゃんが悩んでいることに気付いてはいるが、RちゃんとKちゃんの悩む姿を否定的に見たり、「描けない」ことに対して描き方を教えるといった直接的な介入はしていない。保育者は2人を見守り、2人の関係性やクラス集団の中に変化のきっかけを見いだし、支えている。

それは、4歳代が心の中で「考える自分」と、実際に「行動する自分」とが分化しはじめ、"本当はどうだっけ？"、"他の人から見てもこうなのかな？"などと自分の思考をくぐって物事を見つめ直し、葛藤し始める時期（山田・白上, 2019）であることを知っているからである。4歳代では、それまでできていたことができなくなったり、取り組むことに躊躇したり、他者からの評価に敏感になる姿も見られる。保育者は「描けない」姿を4歳代の認知や他者理解といった視点からも捉えており、発達の中で生じる意味のある姿として考えている。

　また、保育者はこの時期の内面世界を想像しながら、安心して思いを伝えあうことができる関係性の中で、子どもが子どもたちから影響を受けて変化すると考えている。そのため、日々クラスの仲間と楽しい遊びを一緒に経験する中で、ありのままの自分で良いのだと感じること、自分の感じたことを安心して仲間に表現できると感じることを大切にしている。このような人間関係が土台として築かれたからこそ、RちゃんやKちゃんは描くことに悩むこと、「こんなんしか描けへん」と自分のありのままの姿を保育者や友達に見せることができ、さらに、友だちの姿をみて「描いてみよう」と思えたのだと考えられる。

　ここまで保育実践を例に、子どもの表現を発達の視点から見ることの実際を示してきた。見てきた実践は4歳児クラスの保育実践であるため、見守るなどのこの実践での具体的関わりがすべての年齢や子どもに当てはまるわけではない。保育者や教育者には、発達や環境構成、集団作りについてさらなる知識が必要となる。これらの知識を用いて、子どもの視点に立って子どもを理解すること、子どもの豊かなあそびと生活を保障することが求められる。

3. 文化継承の視点から表現を考える

　私たちは文化の中に生まれ、文化と関わりながら育ち、新たな文化を創造する存在である。ここでは、文化的な規範を他者と共有する過程を、表現を視点に捉えてみよう。そして、デジタル技術が飛躍的に発展し、人々の生活そのものが大きく変化している現在、文化を継承し、創造する者として、表現することの意味を考えてみたい。

（1）子どもの表現に見る文化の継承

　私たちは、いつ、どのように文化と出会い、継承し、創造しているのか。このように問われると明確に答えられないかもしれない。

　そこで、わらべうた遊びを例に考えてみよう。たとえば、《かごめかごめ》で遊ぶ時、子どもたちは遊びながら、いつのまにか歌を習得している。また、遊び始める時、誰かが「この音から歌い始めようね」と声を掛けることもないし、「このテンポで歌おう」と決めて歌い出すわけでもない。言葉でそれらを確認し合わなくても、一旦遊びが始まると自然に歌は共有され、声の高さがそろい、テンポを合わせながら遊びが展開される。子ども同士で「一緒に遊ぶ」ことを通して、《かごめかごめ》は、それをよく知る子どもから、知らなかった子どもへと伝承されているのである。そこには、楽譜も伴奏楽器も存在しない。ここから、明示的に「文化を教える存在」としての大人が介入しなくとも、子ども同士で遊ぶなかに多様な「学び合い」があることがうかがえるだろう。そして、このような遊びを通して無意識的に学ばれるものごとは、すべからく文化に位置づくものであり、文化のなかで子どもは育っているといえるのではないだろうか。一例として挙げた《かごめかごめ》をはじめとするわらべうたは、歌も遊び方も、人から人へ口伝によって伝わってきからこそ、地域によって歌詞や旋律、遊び方に違いが見られることも多い。これらは元来、地域、あるいはもっと小さなコミュニティの独自性を有した文化といえるだろう。

　ではここで、《かごめかごめ》の遊びが成立するために必要なことがらを改めて確認してみたい。まず、オニ役やその周りを回ることのできる複数の人が居合わせていること、遊びのルールを理解している人がいること、歌を歌える人がいること、一緒に遊ぶ人の声色を（一部の子のものであっても）同定できる人がいることなどが、条件として挙げられるだろう。また、「歌を歌うこと」に着目すると、歌詞や旋律を覚えていること、声を使ってそれを表現できること、他者と同じテンポで旋律を歌えること、といった能力が必要とされる。ここからも、さまざまな認知能力を複層的に用いることによって、この遊びが成立することは明らかである。

　実際に遊んでいる姿を想像してみよう。「かーごめかごめかーごのなーかのとーりーは…」と歌いながら、円の中心でしゃがんでいるオニ役の子の周りを、

それ以外の子が手をつないで回っている。この時、オニ役の子の周りを歌いながら回る子は、《かごめかごめ》の拍に合わせて歩いていないだろうか。「かーごめかごめ…」と歌いながら左右交互に踏み出される足は、規則正しく1、2、1、2…と動いており、その流れにのって「かーごめかごめかーごのーかのとーりーは…」と歌われる。つまり、この歌に合わせた身体の動きは拍と合致したものであるのと同時に、2拍のまとまりを内包しており、遊びを通して歌に内在している拍、拍子、拍節感やリズムの感得へと導くものとなっている。すなわち、学童期から始まる音楽科の授業における学習内容は、このような遊びの中で無意識のうちにすでに経験され、理解する素地がつくられているのである。

　旋律に注目すると、《かごめかごめ》は4つの音（ここでは「ミ・ソ・ラ・シ」とする）で構成されている。歌の大半は隣り合う2音（長2度）で成るが、それは日本の伝統的な子どもの呼びかけ声（たとえば「○○ちゃん」「はーい」や「あそぼ」）の響きを彷彿とさせる。日本古来のわらべうたは、ラ・ソといった長2度音程の2音から3音（ミ・ソ・ラ、あるいはソ・ラ・シ）、4音（ミ・ソ・ラ・シ）、そして五音音階へと展開される。古くから伝わる民謡などを聴いて「どこかで聴いたことがある」「懐かしい」と感じるのは、幼少期から親しんできたわらべうた遊びの、音の響きに包まれる経験と無関係ではないだろう。このように、何気なく子どもたちが行っている遊びのなかに「日本らしい響き」があり、「日本らしさ」と捉えられる文化的要素は、自ずと内包されている。

　これまで、《かごめかごめ》のわらびうた遊びにおける歌と身体の動きについて、音楽的な観点から述べてきたが、実際に遊ぶ姿を思い起こしてみると、これは、他者と手をつないで歩調を合わせ、声を合わせながらオニ役の子の周りをぐるぐる回り、歌が終わったところで、オニ役の子が背後に立つ子を言い当てる遊びである。たとえ背後の子の声がわからなかったとしても、オニ役の子は声を頼りに、声を同定できる○○ちゃんがどのあたりにいて、その子の隣にいたのは△△ちゃんだったから…といった推測を行ったりする。何人もの声のなかから知っている声を頼りに、自分の真後ろにいる人を推測するという行為は、空間認知能力を用いながら展開される。また、オニ役の子がなかなか正答できない時にはさまざまな方法でヒントを出すなど、遊びのルールを変えることもある。自分たちの遊びがおもしろくなるように工夫することは、ひいては新たな文化を創り出し

ていると捉えることも可能だろう。
　このように、わらべうた遊びを子どもたちが行う姿を辿ることを通しても、幼児期の遊びのなかにその後の教科教育につながるさまざまな学びがあること、そして他者と調整し合い、互いに共有できるルールを創り出しながら遊ぶ経験がなされていることを我々は知ることができる。そしてさらに、拍を感じる感覚や、日本に伝承されてきた響きをもつ旋律から「日本らしい響き」を感受する音楽的な感覚もまた、マイケル・ポランニー（2003）のいうところの「暗黙知」として知らず知らずのうちに備わっていくことがわかる。
　このような幼児期の遊びは、人が他者とかかわり合いながら生きること自体が、文化のなかで行われるものであり、文化を創ることでもあることを示している。幼児期から学童期へ進み、子どもたちが学校で出会う教科教育が、人々のさまざまな文化的遺産を内容とするものであることを鑑みると、その素地はすでに子どもの遊びのなかに複合的な状態で見いだせるのである。

（2）文化を創造するということの意味―身体を通した経験の重要性―

　我々の生活は、いわずもがなデジタル技術の発達によって大きく変容してきている。老若を問わず多くの人がスマートフォンを持ち、インターネット上に無数にある情報にアクセスし、またインターネット上で他者と関わりながら生きている。いまや、生成 AI を使えば、テキストはもとよりアートや音楽さえいとも簡単に創り出せる。このような環境において、「人が文化を創造すること」はどのような意味をもつのだろうか。この問いを、認識論を手掛かりに探ってみよう。
　「インターネット・ミーム」という言葉を聞いたことがあるかもしれない。この言葉は、進化生物学者ドーキンス Richard Dawkins が、著書『利己的な遺伝子』のなかで、文化伝達の単位、模倣の単位の概念を示す語として、「模倣」に相当するギリシャ語の "mimeme" から、「遺伝子」"gene" と発音を似せて「ミーム」"meme" と呼称したものに由来する。ドーキンスはミームが高い生存価をもちうる特性として、「寿命」、「多産性」、「複製の正確さ」の3つをあげるが、デジタル技術はそのすべてを内包している。ここから「インターネット・ミーム」という言葉が生じたが、インターネットによって瞬時に拡散されるミームの一部は、高い生存価をもちうる。インターネット・ミームの自己複製が爆発

的なスピードで可能となる様相は、動画投稿のプラットフォームを思い浮かべれば容易に理解できるだろう。デジタル技術が発達した現在、人が認識するモノ・コトの拡散スピードはとてつもなく速く、広範囲に及ぶ。それが人と人との間に立ち現れる「文化」のあり方に大きな影響を及ぼしていることは明らかである。

　一方、メディア研究で名高いマクルーハン Herbert Marshall McLuhan は、文化人類学者ホール Edward Twitchell Hall, Jr. の言説を用いる形で「すべての人工物は、かつて人間が身体、または身体の特定の箇所を使って行っていたことのエクステンションであるとみなせる」と述べた。柴田 (2013) はこの「エクステンション」という語の用法に着目しつつ、メディアの内化と外化の機能について、身体から外化された人工物（メディア）が入力刺激として身体に内化され、欲求によるストレスを調和するために次なる人工物が外化され、その人工物がさらに入力刺激に転化されて身体に内化し、そのストレスの調和のためにさらなる人工物が外化される…というループをマクルーハンの言説のなかに見いだしている。

　また、20世紀に登場した現象学について、長滝 (2022) は「現象学が主題とする経験される生の身体は、その物質性ゆえにおのれの認識する世界の内部に存在する」ことになり、「認識対象（客観）である世界の一部でありつつ、世界を認識する主観でもある」と指摘する。ここからもわかるように、近年の哲学的思想において、意識と身体は分かちがたく（とはいえ、それらは完全に溶け合ってはいない）、また長滝がいうように「身体は世界を経験するためのメディア」と捉えているといえるだろう。これに関連して、知覚心理学者で1950年代後半にアフォーダンスの理論を提唱したギブソン James Jerome Gibson は、デカルトの心身二元論を批判し、「『主観』と『客観』の絶対的二元論」ではなく、道具を人間が使用するとき、道具を単なる物体と考えるべきでないと説いた。これはつまり、道具は環境の延長したものであり、身体の延長でもあるということを表している。そうなると、「身体」「意識」「メディア」、そして「環境」は、「延長」という言葉の下で結びつくことになる。

　ここで取り上げたマクルーハンやギブソン、あるいは現象学での言説は、人の認識において「身体」がどう扱われるか、という点で焦点化できるだろう。では、身体の延長としての道具を、パソコンやタブレット、スマートフォンといっ

たデバイスやインターネットとみなした場合、それはギブソンがハサミを使用するときに、それは手の延長である、とした状況と同じだろうか。おそらく、「違う」と答えるのではないだろうか。なぜなら、デバイスやインターネットは、それそのものが何かを行うものではないからである。デバイスは、それを使う者がインターネット上の情報にアクセスするための道具ではあるが、直接的に紙を切ることのできる道具ではない。その代わりに、インターネット上にある膨大な数、種類の静止画や動画、言葉や音、つまり情報を伝えてくれる。その情報に接することで、我々は自分自身の経験を礎として認識を更新しているし、自分自身の経験の延長線上にある仮想空間の情報が、既有の身体操作能力によって理解される場合もあるだろう。その仮想空間の情報への認識は、概念的知識となったり、生身の身体を通して実際に経験し直されることによって身体知となったりする。そういった意味では、デバイスでインターネット上の情報とアクセスするという行為は、アクセスする我々が、インターネット上の仮想空間の情報のなかに自己を投入させること、言い換えれば現実の自己（意識と意識上の身体）をその世界のなかに置くことによって、身体のエクステンションとして部分的に機能するといえるだろう。

　しかしそれでもなお、リアル（現実空間）の経験と仮想空間での経験は完全には同一ではない。なぜなら、現時点においてリアルな空間の情報は仮想空間のそれと同じではなく、また反対に、仮想空間でしか生み出されない情報があるからである。デジタル技術の発達は、実際にそれそのものを経験していなくても、仮想空間のなかで経験しているかのような感覚をもたらし、リアルな世界での欲求を仮想空間で解決する方法を人々に提供した。しかし、仮想経験はリアルな経験とつながっているからこそ、人はそれを理解できる。デジタル技術の発達によって、仮想空間においてリアルな空間では経験できない情報を操作することも可能だろう。そしてその情報は、ミームの特性によって爆発的に繁殖する。ただ、それは結局のところ、人の身体に内化され、外化されることから離れることはできない。

　文化は、他者と共有された行動様式や規範として立ち現れる。そこには方向性として共有される価値観が存在し、その価値観によって取捨選択がなされ、生活が営まれる。人がリアルな空間で生きる限り、他者と行動様式や規範を共有する

過程でデジタル技術を介したとしても、自分自身の身体を通したマルチモーダル（多感覚的）な経験、つまりリアルな経験に基づいて情報は認識され、受容され、処理される。それによって意識的・無意識的に築かれる、緩やかに共有され、変容し続ける価値観が文化なのである。

4. おわりに——子どもの豊かな表現に向けて——

　発達の視点、文化継承の視点から子どもの表現を考えてきたが、なぜ、私たち人間にとって表現が大事なのだろうか。芸術学、人類学など様々な視座からの答えが考えうるが、ここでは現代社会との関連から考えてみたい。これまでの社会では、共有された価値があり、いかに効率的にその価値に到達すれば良いのかという「どのようにして」が重視されていた。しかし、現代では、価値が多様化する中で「なぜそれを行うのか」、すなわちその価値自体を問わねばならない時代となっている。また、AIなど技術革新が進む中で、文章作成や絵画制作など人間の独自性と考えられていた創作行為が人間だけの行為ではなくなりつつあり、人間とは何かが問われてきている。

　これらの課題に手がかりを与えてくれるものが、表現であると考えられる。なぜなら、表現とは価値を作り出す行為であり、この行為のプロセスにおいて多様な価値に気付き、ひいては価値を吟味することにつながるからである。例えば、子どもがピカピカの泥団子を作ろうと夢中になっているとき、作り方において試行錯誤をしたり、他の子の泥団子や作る様子を見て新しい価値に触れたりしていく。このようにして出来上がった泥団子は、その子の価値が反映された表現となる。大人から見れば汚い泥でしかないかもしれないし、その子もいつしかその泥団子には価値を感じなくなる時がくるかもしれないが、自分が価値を作り出したことや、他の価値を知ることは経験として蓄積される。すなわち、表現においてはアウトプットにのみ意味があるのではなく、自分なりの価値を作り出し、多様な価値に気付くといったプロセスにも大きな意味があり、子ども時代を通してこれらの経験を培うことが求められる。そのため、保育や教育を行う大人は、文化を担う先達者でありつつも、子どもの価値に気付き、ともに感動できるまなざしを持つことが求められるだろう。

付記

本章の1は山田が原案を執筆し、共同で加筆・修正を行った。

文献

浅川淳司・山田真世「第9章　言葉と思考をめぐる発達」，林創（編）『発達心理学』ミネルヴァ書房，2019，pp.104-117

ドーキンス，R.，日高敏隆・岸由二・羽田節子・垂水雄二（訳）『利己的な遺伝子　増補改題「生物＝生存機械論」』紀伊国屋書店，1991

木下孝司「発達保障のための子ども理解の方法」，白石正久・白石恵理子（編）『新版　教育と保育のための発達診断（下）』全国障害者問題研究会出版部，2020，pp.14-32

マクルーハン，M.，森常治（訳）『グーテンベルクの銀河系』みすず書房，1986

長滝祥司『メディアとしての身体』東京大学出版会，2022

ポランニー，M.，高橋勇夫（訳）『暗黙知の次元』ちくま学芸文庫，2003

柴田崇『マクルーハンとメディア論』勁草書房，2013

上西幸子・牧洸太「描くことが楽しいと思えるように」『季刊保育問題研究』，314，2022，pp.201-204

山田真世・鈴木（白上）智恵「第9章　4歳児」，心理科学研究会（編）『新・育ちあう乳幼児心理学：保育実践とともに未来へ』有斐閣，2019，pp.165-184

第3章

子どもの学びをつなぐ幼保小接続期における教育
―子どもの姿からはじめる遊びや活動の展開―

池田明子・森美智代・渡邉真帆

> Aくんは小学校1年生です。気分が乗らない時は授業に参加することなく、学校の中の好きな場所で過ごします。ある日のAくんは、授業が始まっても、教室の広く空いたスペースで寝転がっていました。他のクラスの先生が、席に着くように促しました。Aくんは寝転がったままです。それでも、Aくんは教室から出て行くことはありません。みんなと一緒にいたいからです。この教室にもいたいからです。一方、担任の先生は、Aくんを厳しく叱ったりしません。時々そばに行って、どうしたいかを尋ねます。Aくんのペースで授業に参加してほしいと思っていること、そしてAくんが授業を聞いていると知っているからです。その後、Aくんは意見交流のタイミングに自分の席へ戻り、隣の友達と考えを伝え合っていました。
> 担任の先生として、Aくんやクラスの子どもたちとどのように関わっていきますか。

1. 問題の所在

保育現場における幼児教育と小学校教育との接続が求められるようになってきて久しい。2008年の小学校学習指導要領（文部科学省，2008a）や幼稚園教育要領告示（文部科学省，2008b）の際には、子ども同士の交流など幼小相互の連携、つまり子ども同士や教師同士の交流など相互に協力することが、そして2017年度告示の際には、相互のカリキュラムの円滑な接続が求められるように

なってきている（文部科学省，2018a, 2018b）。しかし、元来幼児教育と小学校教育では子どもの発達に起因するカリキュラムの構造原理や指導方法等大きな相違があった（酒井・横井，2011）。例えば、幼児教育のカリキュラムは子どもの生活全体をとらえる経験カリキュラムであり、子どもの姿に応じる柔軟な指導が特徴としてあげられるが、小学校教育のカリキュラムは教科ごとの教科カリキュラムであり、教科の目標に向かう系統的な指導が特徴としてあげられていた。近年、幼保小連携や接続期カリキュラム作成が進んではきているが、子どもの学びや生活がどのようにつながっているのかということを相互に具体的に理解し合うためには、保育者・教師同士の継続的な連携が必要だと考えられる。次代を担う子どもたちがこれからの時代を生きていくために必要な力を身につけ、一人一人が社会の中で他者とともに豊かな人生を切り拓いていくことをつないでいくために、やはり保育者・教師は弛むことなく、一人一人の子どもたちの学びや生活をしっかりとつないでいくことが大切ではないだろうか。

2. 子どもの学びを支える環境の捉え

（1）環境を通して行う保育ってどんなこと？

　幼稚園や保育所、認定こども園などの保育施設での保育は、どのようなことが大切されているのだろう。みなさんの保育施設での思い出には、どのようなことが心に残っているだろうか。友だちとの砂遊びやおうちごっこ、後味の悪いけんかなどが思い出されるかもしれない。また、一人でとことんコマ回しを続けたり虫を捕まえたりと、没頭した経験もあるだろう。

　こうした思い出の中心には、友だちやモノ、自然との関わりがあるが、場面の画角を少しずらしてみたときには、保育者の存在がある。砂遊びの時にはさまざまな形の入れ物や大中小の大きさのスコップ、水がないとダイナミックなダムづくりは難しく、コマ回しに挑戦し続けるには時間がたっぷり必要で、誰かに邪魔をされない空間も欠かせない。友だちとけんかをしたときには、どうやって仲直りをするか迷いながらも、保育者がそっと横から見守ってくれていて、安心感のなかで相手と向き合えたのではないだろうか。

　このように、保育者は環境を用意したり見守ったり、間接的に子どもを支えて

いる。こうした保育の基盤には、「環境を通して行う」という考えがある。これは「幼児との生活を大切にした教育」（文部科学省，2018b）であり、「幼児が、教師とともに生活する中で、ものや人などのさまざまな環境と出会い、それらとのふさわしい関わり方を身に付けていくこと、すなわち、教師の支えを得ながら文化を獲得し、自己の可能性を開いていくことを大切にした教育」（文部科学省，2018b）である。つまり、子どもを教え込む受動的な存在としてではなく自ら伸びていこうとする能動的な存在としてとらえている。1989（平成元）年改訂の「幼稚園教育要領」において、「環境を通して」という文言が追加され（文部省，1991）、子どもの主体性やこの時期にふさわしい生活や特性を踏まえる重要性が示されて以降、現在の保育においても継続する考え方である。

（2）遊びや学びを支える環境と保育者の役割

　環境を通して行う保育における環境とは、保育施設における子どもを取り囲むすべての状況を指す（文部科学省，2018b）。具体をあげればきりがないが、滑り台やコマなどの遊具、はさみやのりなどの道具、テーブルや棚などの家具、保育者、身の回りの自然、文化などがある。カタチあるものに限らず、音や色、におい、雰囲気なども含まれる。子どもは、心が動く環境に自ら関わることによって遊び、学んでいる。なお、保育者が子どもを放任することではない。こうした体験の土台となる環境を用意するとともに子どものそばで見守り、さらにいつどのような環境と出会わせるか吟味するなど、子どもと環境との関係を考え、ふさわしい環境を計画し再構成しているのである。

　例えば、入園して1か月が経過した5月。だんだん園庭での遊びも楽しくなってきたある日、保育者は、子どもたちが砂場で遊ぶことが楽しくなってきた様子を踏まえ、扱いやすい小さめのスコップや型抜き、じょうろなどを用意していた。砂場の真ん中でせっせと穴を掘る子どもがいる一方で、A児（3歳児）は砂場の隅っこで型抜きに夢中になっていた。砂を容器に入れて、ひっくり返す時にはうまく型が外れる時と、一部が欠けてしまう時がある。それでもひたすら型抜きをしている。保育者はその様子を見守った翌日、A児が砂場にやってくることを予想して、もっと型抜きに夢中になれるよう、前日よりもさまざまな形や大きさ、透明な容器を用意しておいたり、そばで見守ったりする。一人の世界を十

分に遊びこんだ頃には、次第に周りの人に見てもらいたい気持ち、一緒に楽しみたい気持ちがわいてくる。その頃には保育者も周りの友だちとつながるような言葉をかけることもあるだろう。

　以上から分かるように、環境を通して行う保育とは、子どもの主体性を大切にした保育である。保育者は子どもの興味や関心を中心に毎日の保育を営むのである。このとき、子どもの興味や関心"のみ"を大切にしているのではなく、保育者自身の願いやねらいも重要である。ここでは、A児の姿をもとに「もっと型抜きに夢中になってほしい」という願いから、さらに遊びが豊かに展開されるような環境構成が行われた。入園間もないこの時期には、園で安心して楽しく過ごすことがねらいとして設定されることが多い。今回のA児に対する環境構成もまた、A児にとって砂場が安心できる場になり、好きな遊びが見つかることを願い、こうしたねらいに即したものであったと考えられる。なお、一つのねらいについて全員同じ活動が必要なのではなく（河邉, 2016）、子ども一人ひとりに合った活動が保障されるような環境構成が重要である。

　子どもは、友だちと協力して遊ぶ楽しさ、難しさを体験しながら他者との関わり方を学び、砂遊びに夢中になるなかで表面の砂を少し堀った所のひんやりとした感触や質の違いなどを体験的に学んでいる。大人から直接的に道徳的価値や概念、性質を指導されるのではなく、ねらいや願いが込められた環境に触れて遊ぶことによって、自分自身で感じたり考えたりしながら学んでいる。

　保育者は環境を構成する一方で、自分自身も環境の一部としてふるまう。小川(2000)は、保育者自身の役割として遊び手としての当事者視点と、観察者としての第三者的視点、両視点を併せ持ち使い分けることが、遊びを理解するには欠かせないという。保育者が楽しく遊び始めてモデルになったり、子どもに共感や共鳴をしたりしながらも、一歩引いて子どもが何に取り組んでいるのか、今何をおもしろいと思っているのか、今何に困っているのかなどを観察する。これらのバランスは時と場合によって異なるが、両方の視点で役割を果たすことが求められる。こうした遊びの理解によって、環境をどう構成し直すか、あるいは自身が環境の一部として遊びの展開をフォローできるかといったことが判断され、遊びや学びを支えることとなる。

（3）小学校へとつながる環境

　主体性を大切にした教育、という点で、保育と小学校以降の教育は同じことを大切にしていると考えられる。その方法として、保育においては「環境を通して行う」という考え方が基盤となっている。小学校以降の学習指導要領では明記されていないものの、学びを「環境を通して行う」という視点は重視されているのではないだろうか。

　保育を「環境を通して行う」ことは、小学校以上の教授‐学習の理論とは異なる保育の理論の独自性であるという主張がある（小川，2010）。これは、子どもの援助が中心であるというスタンスの保育と、教える‐学ぶ関係が明確な小学校ではその場の保育・教育者の在り方は大きく異なるためである（小川，2010）。しかし、近年実施されているスタートカリキュラムにおいて、入学間もない第一学年の教室の環境は、子どもが安心感をもてる構成が求められている（文部科学省・国立教育政策研究所・教育課程研究センター，2018）。

　保育施設の多くでは活動や生活の必要に応じて机や椅子を出し入れするのに対し、小学校では教室に自分の机と椅子があり、位置が決まっている。それだけでなく、小学校の基本的な教室構成では、クラスメイト全員が一方向を向いた机につき、黒板の前にいる先生は見えるが友だちの表情は見えない。興味関心のわくものであふれていた保育室と、授業時に必要な教科書や道具を出し入れし、不必要なものに触れることはあまり許されない教室には、大きな違いがある。園生活と小学校生活、それぞれでの当たり前の違いは、どちらかに合わせなければならないものではないが、小学校教師には、子どもの保育施設での生活経験や背景を理解した上で、安心できる教室づくりが求められるだろう。

　入学間もない例をあげたものの、学校生活に慣れた後においても「環境を通して行う」という考え方を用いることは可能だろう。例えば、国語科の教科書で読む内容が絵本で刊行されている時には単元が始まる少し前から絵本を教室の本棚に置いてさりげなく興味がわくよう工夫できる。休み時間の子どもたちの様子から、虫を好きな子どもが多ければ持ち運び可能な大きさの生き物図鑑をテラスに設置したりするかもしれない。興味や関心に即した環境を構成することを例としたが、子どもの主体性を重要視するという軸は幼児期においても児童期においてもつながっていることから、子どもの遊びや学びをどのように指導・支援してい

くか、本節では環境を視点に見直すことを試みた。

3. 幼児期における子どもの学びと支援

（1）幼児期における学び

> 　4歳児の事例である。少し肌寒くなった秋の朝のこと。その日は雨上がりで、園庭のジャングルジムに雨粒がたくさんついており、そこに朝陽が反射してキラキラと輝いている。子どもたち自身にその美しさを発見してほしいと保育者は願い、さりげなくジャングルジムのそばに位置して、登園する子どもたちを出迎えることにする。案の定、子どもたちは次第にキラキラと輝く雨粒に気がつき始める。「光ってる！」「シンデレラの宝みたい」「星みたいに光ってる」など雨粒の輝きを自分なりの感性でうけとめ比喩的表現を楽しんでいる姿。
> 　「お日様で当たって色がつくんよ」「水のせいで光があたったんよ」「光るものとか触ってみたら、水だけだった」「こっちから（遠くから）見ると、いろんな色が見えるのに、どうして近くに行くと色が見えないんだろ」など光の反射や屈折などの自然事象に知的好奇心をもって考えたり試したりする姿。この感動経験をきっかけとしながら、カラーセロファン紙を使った製作遊びや影踏み鬼遊びなど光と影に関する多様な遊びに展開していき、子どもたちは秋の自然に関心をもってふれたり試したりすることや、友達と一緒に思いを出し合うことの楽しさなどを学んでいる。

　このように、幼児期における子どもたちは面白そう！と心動かされて楽しいから遊んでいるのであるが、その中でさまざまな学びの芽生えが見られることを保育者は見取り、その学びを支え、広げたり深めたりすることができるよう環境構成を工夫している。

（2）子どもの姿を理解するということ

　幼児期における子どもたちは、主体的な活動としての遊びを通して生きる力の基礎が培われる時期であるが、遊びの中で学んでいることは子ども一人ひとりにとって多様である。先述の雨粒の事例からも分かるように、同じ事象に出会っても子どもたちの感じ方や考え方は実に多様なのである。したがって、子どもたち

の主体的な活動を支えていくためには、子ども一人ひとりが何を感じ、何を考えているのかということを理解しようとする姿勢が必要である。

　幼児期における子どもたちは、言葉による伝え合いを楽しんだり、文字に対する興味や関心をもったりする時期ではあるが、自分の思いや考えを的確に言葉や文字で表現することができるとは限らない。したがって、保育者は言葉のみならず、子どもの表情や仕草、動作などを丁寧に見取りながら、子ども一人ひとりの思いや考えを理解しようとする。また、子どもたちと接しているその瞬間や子どもたちが帰った後の省察を通してのみならず、日々の積み上げを経て長期間にわたり子ども一人ひとりを理解しようとする。何よりも子ども一人ひとりが安心・安定して自分の思いや考えを表現できるよう、保育者は受容的な態度で子どもたちに接し、理解しようとする。

(3) 子ども理解に基づいた学びを支える保育の展開

　ここで幼稚園長期研修生として幼稚園5歳児保育に参加した小学校教師の語りから保育を見つめることを通して、幼児期における子ども理解に基づいた学びを支える保育の展開について考えてみたい。

1) 子ども一人一人に応じた支援

> **十分な時間の中で子ども一人ひとりを丁寧に見る**
>
> 　自分の中で疑問だったのが、好きな遊びの時って、製作コーナーで遊ぶ子、砂場で遊ぶ子など、それぞれ子どもたちは違う遊びをしていますよね。みんながしなくていいの？と思ったんですけど、でも幼稚園の先生は1日だけを切り取っているのではなくて、長いスパンで見られてる、個の伸びを。小学校って一斉にやるので、全員が一斉に達成しないといけないというのがあるので、考え方が私はちょっと違っていたんだと思いますね。

　保育においては子どもの生活経験がそれぞれ異なることなどを考慮して、子ども一人ひとりの特性に応じ、発達の課題に即した支援を行っている。保育者は一人ひとりの子どもに寄り添い、見守り、聴いたりするなどの受容的な関わりを基にしながら、子どもの思いや考えを理解し、認めたり問いかけたりするなど、その子どもに応じた支援を行っている。また、保育では1日の生活の流れあるいは

1週間の流れという短期的な期間の中で、また1か月や1年間という長期的な期間の中で、子どもたち一人ひとりの成長のプロセスを丁寧に見取っている。

2）子どもの遊びを通して保育のねらいに向かう環境構成の工夫や保育者の支援

> **子どもの思いや考えから遊びを展開する環境構成・保育者の支援**
>
> 　秋になって紅葉した葉っぱをたくさん拾ってきた子がいたら、"秋のコーナー"を作って秋の自然物に興味を持たせるようにしたり、先生が子どものつぶやきをしっかり聴き、「どんぐりでケーキを作りたい」と言ったらその環境（粘土や台紙など）を用意されたりしていました。そうしながら、この時期のねらい（「身近な素材や自然物を生かして遊びに必要なものを工夫して作って遊ぶことを楽しむ」「遊びの中で互いの考えやイメージを出し合い目的をもって遊びをすすめる」など）に向けて遊びが展開できるようにされていました。"子どもの思いや願い"から遊びが生まれるように、保育者は環境を整え、気持ちに寄り添った関わりをする必要があるのだなと改めて感じました。

　子どもの遊びを通した学びを支えるために、保育においても指導計画を立案している。子どもの姿をあらかじめ予想しておき、実際の子どもの姿に応じながらねらいに向けて保育者が関わることを通して、子どもの主体的な活動である遊びが充実できるように配慮されている。また、保育者が予想していないけれども、子どもなりの秋の自然物への関心が見られた際にも子どもの思いや考えを受け止めながらねらいに向けて保育を展開している。そのような意味では、幼児期における指導計画は、子どもの思いや考えと保育者のねらいをバランス良く絡ませながら、子どもと共に保育を創ることが特徴としてあげられる。

3）子ども同士で学び合えるための環境構成の工夫や保育者の支援

> **子ども同士が遊びの中で思いや考えを出し合いながら遊びを展開する**
>
> 　先生は子どもたちが遊んだ後に振り返る場を設けていらっしゃいましたが、子ども同士で何か新しいものが生まれたり友達同士で試行錯誤したりとか、その中で言い合いが始まったりするのかもしれないけれど、その中でも学びはあると思うので、先生に教えてもらうだけじゃなくて、友達との方が次につながったり、覚えているんじゃないかなと思います。

子どもたちは友達同士で遊びを展開していく過程において、時にいざこざになったり葛藤したりする過程も経ながら、ともに遊びを創っていく面白さを経験する。保育者はその経験を支えることができるように、遊んでいるその場で、あるいは遊んだ後の振り返りの場の中で、子ども同士の関係性を見守り、仲介したり、あるいは遊びがより楽しくなるためにどうしたらいいかを投げかけたりするなどの支援や環境構成を工夫している。

4. 児童期（低学年）における子どもの学びと支援

（1）児童期における学び

　幼児期の学びに比べ、児童期の学び（学習）は、「知識や技能の獲得」の側面が強いと考える人も多いかもしれない。しかし、昨今の研究では、「人が実践の共同体に参加することによってその共同体の成員としてのアイデンティティを形成すること」を学びと捉える傾向が強まっている。つまり、学びとは「共同体への参加」であり、本質的に「学び合い」であって、個人の営みではない。学びとは「実践」（なんらかの「よきもの」「よきこと」を案出する人々の社会的な営み）への参加であると定義づけられる（佐伯, 2014）。

　もちろんこの捉えは、従来の知識や技能の獲得が学びであることを否定するものではない。知識や技能の獲得は、学びの全貌から見たらほんの一部分にすぎず、それのみを学びと捉えてしまっては、子どもたちの豊かで奥行きのある学びを矮小化して捉えてしまうことになるということである。

（2）子どもの姿を理解するということ

　子どもの実態を理解することなく、教師の願いだけが先行した授業は、教師主導型の授業と呼ばれる。この教師主導型授業を打開し、子どもが主体的に学ぶ授業を実施するために、日々さまざまな努力が行われている。そのために重要なのは、授業のねらいの設定である。授業は、教師を代表とする「大人の願い」と「子どもの願い」が重なるところに目指すべき目標が設定されるべきものである。こうした力を伸ばしてほしいという「大人の願い」と、こうなりたいという「子どもの願い」の中間を目指す。そのために、教師は子どもの姿を理解する必

要がある。
　では、どのように子どもの実態を理解するのだろうか。まずは日常生活の中で、子どもたちと日々の生活を共にする中で、教師は「子どもの願い」を読み取っていく。また、教科の専門家として、日常生活の中で見取ることのできる子どもの課題を拾い集めていく。どんなことに興味を持っているのか、どんなことに苦手意識を持っているのか、友達同士の会話の中や、直接尋ねることによって把握していく。
　さらに、教師は、さまざまな調査を通して子どもの実態を理解する。研究授業を行う際には、事前アンケートで子どもの意識を調査する場合がある。例えば、国語の授業は好きかどうか、どんなところが苦手なのかなどである。また、学力調査の結果も、子どもの姿を捉えるための一つの指標である。ただし、数値的に測ることのできる実態はほんの一部にすぎず、それがすべてであると捉える測定や成果主義に陥ることには慎重になる必要がある（ビースタ，2016）。

（3）子ども理解に基づいた学びをデザインする授業の展開

　ここでは、小学校2年生の学級担任教師（授業者）へのインタビューと、国語科の文学教材「お手紙」（アーノルド・ローベル）を用いた授業の様子（発話記録）から、子ども理解に基づいた学びをデザインする授業の展開について考えてみたい。

1）子ども一人ひとりを念頭に置いた授業づくり

生活の中で一人一人の置かれた状況を見取る

聞き手：子どもたちの実態としてはどうなんですか。

教師：がまくんです。（登場人物「がまくん」の人物像と同じという意）

聞き手：がまくんなんだ。

教師：がまくん、そのものですね。子どもたちがそう感じてる。で、わかってるけど、かえるくんのようには、友達に対してはまだ接していくことはできてない、っていうのも多分気づいているとは思うけどね、子どもたち自身は。でも常にこう自分は、その、どう見られているんだろうか、もう、高学年的な感じ。どう見られているんだろう、あの人よりもちゃんとしたことを言わな

> いといけない、できないといけない、間違ったことは言っちゃいけない、やっちゃいけないって、呪縛の中に入っているかもしれないですね。

　授業のねらい、すなわち学習目標には以下の3つがある。態度目標・価値目標・技能目標である。態度目標は子どもの意欲、興味関心に関わるもの、価値目標は子どもの価値観や世界観、認識に関わるもの、技能目標は知識技能の習得に関わるものである。教師は、上記のように、子どもを念頭に置いた教材研究を行い、3つの目標それぞれに対する具体的な目標を設定する。

2）子どもの活動を通して学習目標に向かう「言語活動」や「大きな問い」の設定

登場人物への同化体験を促す「言語活動」の設定

　がまくんの状況であっても、関わってくれる人によっては、救われるわけだから、やっぱりその時その時で自分はかえるくんの立場になったり、がまくんの立場になったりっていうのを、繰り返しながら成長していくと思うので、そのかえるくんの立場になったときにどう関わっていったらいいのかっていうのを、やっぱりこう感じ取っていける、相手の表情とか言葉とかを見て感じ取っていけるようになってほしいし、がまくんの立場になった時に自分の周りにかえるくんのように自分のことを思ってくれてる人が本当にいるっていうことに気づいていける子であってほしいなっていう（以下省略）

　教師は、「読み」の技能目標を設定しつつ、上記のように「自分の周りに自分のことを思ってくれてる人がいることに気づく」という価値目標を設定している。そして、そうした学びを促し、意欲的に体験できる「言語活動」として「音読劇をしよう」という授業単元を構想した。

3）子ども同士で学び合えるための教師の手立て（「問い」の設定）

自分と友達との関係を見つめ直すための「問い」
（作者が文章に込めたメッセージについて読み深める授業）

教師：ここまで、作者が読んだ人に伝えたかったメッセージについて話し合ってきました。ここでみなさんに聞いてみたいと思うのですが、みんなは、ここに出てくるどの登場人物に当てはまりますか。

子ども：かたつむりくん。（口々に）

子ども：かえるくん……どっちもかな。

教師：今日のあなたはそうかもしれない。では、昨日の自分は誰に当てはまりますか。

　上記では、教師の「問い」が子どもの「読み」を深める契機となっている。自分自身と照らし合わせることで、作者のメッセージ（主題）や登場人物の人物像・心情等への「読み」が深まるよう促されている。また、自分像はたった一つではなく、時間や関係性等によって異なることが案に示されている。このように、児童期においては、授業を通して、子ども同士の関係性の見直した構築が促され、同時に知識や技能の習得が実現されている。

5. 結　　論

　冒頭のリアルな姿を振り返ってみよう。表面的に見るとAくんは授業に参加せずに寝転がっており、学校生活に適応できていないように見える。しかし、教師がAくんの思いを丁寧に理解しようとする中で、みんなと一緒にいたいから、教室にもいたいから、だから教室から出ることはしていないということがうかがえる。寝転がっているから授業に参加していないのではなく、ちゃんと授業の内容は聞いているのである。そのようなAくんの思いを、担任の教師はAくんの表情や仕草からきちんと受け止めているからこそ、厳しく叱ることなく、でも時折そばにいってAくんの思いを尋ねているのである。そのような友達の存在、教室の雰囲気、そして教師の支援があるからこそ、Aくんは意見交流のタ

イミングで自分の席へ戻り、友達と考えを伝え合うことができているのであろう。このように、子どもの姿を起点とし、子どもを丁寧に理解しようとする教師の姿勢が支えとなって、今後Aくんは学校生活の中で確かな学びを重ねていくことができると考えられるのではないだろうか。

文献

ビースタ, G. J. J., 藤井啓之・玉木博章（訳）『よい教育とはなにか　倫理・政治・民主主義』白澤社, 2016

河邉貴子「第9章　環境を通しての保育」日本保育学会（編）『保育学講座3　保育のいとなみ——子ども理解と内容・方法』東京大学出版会, 2016

文部省『幼稚園教育指導書増補版』フレーベル館, 1991

文部科学省『小学校学習指導要領解説　総則編（平成20年8月）』東京書籍, 2008a

文部科学省『幼稚園教育要領解説（平成20年10月）』フレーベル館, 2008b

文部科学省『小学校学習指導要領（平成29年告示）解説　総則編』東洋館出版社, 2018a

文部科学省『幼稚園教育要領解説（平成30年3月）』フレーベル館, 2018b

文部科学省・国立教育政策研究所・教育課程研究センター編著『発達や学びをつなぐスタートカリキュラム——スタートカリキュラム導入・実践の手引き——』学事出版, 2018

小川博久『保育援助論——復刻版——』萌文書林, 2010

佐伯胖「そもそも「学ぶ」とはどういうことか——正統的周辺参加論の前と後——」『組織科学』, 48(2), 2014, pp.38-49

酒井朗・横井紘子『保幼小連携の原理と実践　移行期の子どもへの支援』ミネルヴァ書房, 2011

高山静子『改訂　環境構成の理論と実践——保育の専門性に基づいて——』郁洋舎, 2021

第4章

子どものための教材・教具

渋谷清・山西正記・山中真悟

> 保育士のAさんは5歳児クラスを担当しており、この日は公園で秋さがしをしていた。子ども達は楽しく活動していたが、ある園児の「もみじはどうして赤くなるの？」という発言に、とっさにどう答えたらいいか迷ってしまった。小学校教員のBさんは、図画工作で彫刻刀の指導をすることになった。子ども達は日常で刃物を扱う経験があまりなく、ケガをしてしまわないか不安でしょうがない。また、体育の授業では鉄棒をやっているが、Bさんはもともと逆上がりが苦手で、コツがつかめない児童へどのようにアドバイスすればいいのか、毎回悩んでいる。明日の理科の実験では電池の直列接続を扱うのだが、身近な直列接続の例が思い浮かばず、授業の導入を考えるのに時間がかかってしまった。

1. 問題の所在

　社会のデジタル化によって、私たちは様々なメディアを通して世界中の情報に触れることが可能になった。また、身の回りには安価で便利な製品があふれ、たとえその原理や仕組みを理解していなくても、スイッチひとつでそれらを使いこなすことができる。

　デジタル化が進み、生活が便利になった一方、色とりどりの素材を使ってお絵描きをする、仲間とともに自然の中で身体を動かすといった、様々な「実体

験」、およびそれらを通して身につける豊かな「感覚」は、ともすれば現代の子どもたちには不足しがちではないだろうか。また、学んだことを生かして創意工夫し、自分たちの遊びや暮らしを便利にしていくような営みも、以前に比べて行われていないと思われる。子どもにとって実体験は、知識や技能、思考力のみならず、情緒や感覚を養う重要な機会である。その機会を最大限に生かすためには、保育者・教育者自身も豊かな実体験を積んでおく必要があるだろう。

　また、保育や教育の現場においては、子どもたちに多様な学びや体験を提供すべく、様々な「教材・教具」が用いられている。それらは保育者・教育者の願いや意図、ねらいに合わせて選択され、前述の「実体験」を伴うものも多い。子どもたちの関心や発達段階、理解の状況に合わせて最適な教材・教具を選択できるようになるためには、保育者・教育者には教材・教具に対する深い理解も求められるであろう。

　本章では、保育や教育における教材・教具の位置づけについて概観しつつ、とりわけ実体験による豊かな感覚の醸成に着目して、子どものための教材・教具とは何か考察していくこととする。

2. 教材・教具とは

　教育学用語辞典［第4版（改訂版）］（岩内ら，2010）によると、教材・教具は「教育活動において用いられる事物、素材」と定義されている。また、同辞典では「教材と教具は似たような意味で用いられるが、教材が教育内容と密接にかかわるものを広くいうのに対して、教具はさまざまな教育内容を扱う際に用いられる具体的な道具をいう」と述べられており、前者の例として国語の文章や音楽の楽曲、後者の例として算数の大型定規や理科のビーカー等が示されている。

　保育者・教育者が各事物・素材をどのような意図で教育活動に位置づけるかによって、教材にも教具にもなり得るものも存在する。例えば磁石は黒板に掲示物をはるために用いるのならば「教具」と捉えられるし、保育での「かがく遊び」や理科の「磁石の性質」の学習で用いるのならば「教材」と呼べよう。

　いずれにせよ、保育者・教育者は様々な教材・教具の性質を適切に理解し、教育目標と照らして効果的に用いることで、子どもたちの認識や感性を育んでいく

ことが求められる。

3. 創造性にはたらきかける教材・教具

(1) 子どもと造形あそび

　砂場で遊ぶ子どもたちを目にすると、あれよあれよという間に山ができ川が流れ、人や動物の住む町などがムクムクと立ち上がり、それまで単なる"砂の置き場"だった所が生き生きとした世界へと一変する。未だ形の定かではない世界に働きかけながら、そこに自分なりの形や意味づけをしてゆく子どもの砂場遊びの様子は、人間にとっての根源的な「創造性＝つくり出す力」を強く感じさせてくれる。人間の持つこの創造性の大きな支えの一つに"つくり出す力"と深く関わる造形活動がある。「造形遊び」とは、幼児〜児童期における重要な造形活動の一つであり、子どもたちは、自分の感覚や行為などを通して材料に働きかけながら、形や色などを体感的に捉えていく。そしてそこから生まれる自分なりのイメージを基に、発想や構想をいわゆる「遊び」での試行錯誤同様に繰り返していく過程で、創造的な造形力や思考が育まれるのである。

　造形遊びに用いられる材料は、水や土、砂、石、草花などの身近な自然物から、ビニール、空き箱、梱包材、ダンボール紙などの人工の素材まで、様々な物が考えられる。また光や風、環境そのものも、造形遊びが展開していくとともに重要な遊びの材料となりうる。授業づくりにおいては児童の実態はもちろんのこと、学校や地域など、遊びの活動を実際に行う環境を事前に把握しておくことも大切である。児童の生活と造形活動をつながりあるものとして常に意識した授業づくりをめざしたい。自然物を用いた造形遊びなどでは、活動時の季節や天候など、授業をする上での様々な学びの要因に考慮する必要がある。

　低学年においては、材料が児童たちにとって身近なものであり、容易に扱えることが求められる。遊びに用いる材料の質や量、種類などによって、児童たちの学びの内容・質が大きく変わることからも、就学前の素材体験を考慮に入れるなど、材料を選ぶ上での配慮が必要になるであろう。授業づくりでは、ただ指導のねらいにあった材料を選ぶだけでなく、活発な動きを伴う活動展開が予想される場合は、特に活動場所の範囲や安全面に配慮すべきである。これまでに出会って

いない新しい素材・材料に取り組むなど、児童たちの学びの環境に大きな変化が生じる場合もまた同様である。

活動場所については、児童が自分たちの遊びができそうな場所を、自分たちで把握することが大切である。活動可能な場所を見出し、遊びの可能性を理解することも、重要な活動の要素となる。指導者は、子どもと共に活動の場所づくりを行うなどして、活動できる環境を子どもに伝える工夫を行いたい。

なお、地域の公園等を使用する際には、事前に自治体等へ使用許可申請を行い、移動や実施には多数の指導者が関わるようにするなど、学内での活動同様、あるいはそれ以上に、子どもたちの安全面に留意すべきである。また活動の際に使った材料を別の造形活動に再利用したり、活動場所をきちんと原状復帰したりすることも活動の一環と捉え、活動計画を立てることが大切である。

（2）発達段階と造形教材・教具

子どもたちは、身の回りの様々なものや新しい出会いに、強い関心や興味を持ちながら、低学年から中学年、高学年へと成長していくうちに、用具を使いこなし、材料を生かして自分の思いを表現しようとしていく。小学校学習指導要領（H29）解説図画工作篇（以下，学習指導要領）には、そんな子どもたちの発達段階に応じて取り扱う用具・材料について記されている。これは小学校の低学年、中学年、高学年の発達に大きな変化があるためで、造形活動には、発達の段階に合わせた適切な材料や用具の扱いを認識する必要があろう。

1）低学年の造形教材・教具

低学年の造形活動は、その成果よりも、材料・用具に触れること自体や、そのことによって材料が変化していく過程が楽しく、その活動自体を楽しむ段階といえる。また低学年の子どもたちは、まだ指先を細かくコントロールして動かすことがうまくいかないので、絵を描くときも指先よりは、手首や腕全体を大きく使うほうが描画しやすい。そのため、学習指導要領にも用具として、クレヨンやパスなど、手首や腕全体を使って描くことに適したものが「身近で扱いやすい用具」として取り上げられている。

2）中学年の造形教材・教具

中学年の用具・材料について、学習指導要領の絵や立体、工作に表す活動に関

して「材料や用具を適切に扱うとともに、前学年までの経験を生かし、手や体全体を十分に働かせ、表したいことに合わせて表し方を工夫して表すこと」とあり、これまでに経験した材料や用具に加えて、木切れ、板材、釘や、手を十分に働かせて水彩絵の具、小刀、使いやすいノコギリ、金づちなどの用具を工夫して使い、絵や立体に表したり、つくりたいものをつくったりすることが求められている。中学年では、それまでに使用経験のあるハサミやカッターナイフなどの「簡単な小刀類」に一般的な小刀、彫刻刀、ノコギリが加わる。使える切削用具が増えることにより、造形表現の可能性は広がると同時に、いわゆる用具としての扱いの難易度と危険度も増してくる。指導にあたっては、特にこの切削用具の安全な使用方法に留意したい。

　低学年の造形活動では、可能な限り豊富な材料と出会うことがその中心であるが、中学年では、その出会いとともに、多様な表現方法を知ることで表現の幅を広げることが活動中心となる。一つの素材・材料でも、加工する用具や表現方法を工夫することで表現の幅が広がり、その造形経験が蓄積され、さらに豊かな表現へと繋がることが中学年における造形活動であるといえる。

3）高学年の造形教材・教具

　高学年になると、ものの見方や考え方が客観的になり、細かな表現も可能になってくる。表現の幅が広くなり、自己の思いをより忠実に表現しようと様々な材料や用具を用いるようになる。また、絵や立体といった表す活動枠をこえて、立体物への絵具での着色や、ペイントした材料で立体物や工作するなどの多様化した造形表現が見られるようになる。器用に手先も動くようになるので、安全面さえ考慮できれば、電動糸のこぎりや様々なペンチ類などの用具も使用可能となる。

　高学年の材料・用具について、学習指導要領には「表現方法に応じて材料や用具を活用するとともに、前学年までの材料や用具などについての経験や技能を総合的に生かしたり、表現に適した方法などを組み合わせたりするなどして…」と記されている。つまり、中学年までに培った活動経験を生かし、自分が表したいことに一番合う（近づける）表現方法を見つけ出して造形表現をするというのが、高学年の活動中心となるのである。

（3）造形教材・教具への心得

　教師は実際に授業内容を構想するときに、材料や用具についてその機能や効果を考えて選択することになる。また日常の授業では安全面を考え、児童の発達にあった材料や用具を使用させる。小学校では、内容の取り扱いで学年ごとに使用する材料や用具が挙げられているが、児童生徒の発達や学校の実情に合わせて適切に使用することが大切である。事前に教師が授業での扱いを想定しながら、その使用法について熟知しておくことは最も基本的なことである。中でも刃物類の用具使用においては、自ら正しい扱い方に習熟しておくことはもちろん、刃こぼれなどはないかを手入れ・確認したり、切削しやすい木材料を使用したり、作業しやすい環境設定をするなど、児童が安全に扱えるよう配慮することが重要である。また現在は、日々新しい材料や用具も開発されている。それらについても安全面等を十分に検討してから使用すべきである。

　造形活動は、大きく二つの活動に分けて捉えることができる。一つは材料やその形や色などに働きかけることからはじまる活動、そしてもう一つが、自分の表したいものをもとにそれを実現していこうとする活動である。前者が身近にある自然物や人工の材料などに働きかけ、形や色の特徴などから発想・構想した造形活動を行い、そこに「『こと』をつくる」活動（造形遊び）であるのに対し、後者は絵や立体、工作などの造形活動をすることで「『もの（作品）』をつくる」活動である。いずれの活動においても、材料や用具と子どもたちとの正しい出会いが、活動内容、展開、質、そして活動からの創造的な学びと深く関わっていることを認識すべきであろう。

4. 動きをつくる教材・教具

　リアルな姿で紹介された小学校教員Ｂは、鉄棒指導のアドバイスで戸惑っていた。教員Ｂ自身が「逆上がり」に苦手意識をもっていることもあり、コツがつかめない児童に自信をもってアドバイスができない事例であった。

（1）「コツ」と「カン」

　道具や身体を巧みに操作するためには、手がかりとなる何らかの「コツ」や

「カン」があると、私たちは信じている。一方で、「コツ」や「カン」があると教えられたが、それが理解できなかった経験もある。この願望と現実の間で、「自分は、間違っているのではないか」と苦しむことがある。

「コツ」や「カン」は、行為者が環境や道具との関わりを通じて会得・発見した「気づき」、または行為者の身体内部で生じた「感覚」の意味づけである。ここでの感覚は、あくまで個人の実践知から派生したものであるため、言葉を尽くせども、他者と共有することが難しい性質をもっている（暗黙知）。また「コツ」や「カン」は、経験豊富な達人（大人）がある動きを総括・要約した上で精製した情報でもある。その情報が、「これから学び始めよう」とする子どもたちに有益であるとは限らない。

子どもたちは、学びの素材や道具との関わりを通じて、またはこのとき知覚した感覚を頼りに、他者とは共有できない一人ひとりで異なる秘伝の「コツ」や「カン」を作り上げることになる。大人は、自身のもつ「コツ」や「カン」を子どもに先行して伝えるのではなく、子どもたちの実践知が蓄積できる機会（ゆとりある時間、学びに適した場所、工夫された道具、そして活動を制限する約束事など）を創出することを念頭にするべきである。その機会を構想する創意工夫こそ、教材開発という着想を持つことに繋がっている。

（2）共感と助言

道具や身体を操るとき、人は必ず「感覚」を知覚する。運動学では、人間の生身の「動ける感じ」を動感（kinästhese）と評して議論する（岡端，2009）。大人が子どもの動きを見抜くためには、「なぜその子は、筆や積み木を、そのように扱うのか」についての動感を知る必要がある。上述したように、「感覚」は、人によって異なり、正解を導き出すことは難しい性質をもっている。しかしたゆまぬ教育実践と試みによって、「他者の運動を自分の中に取り込み、あたかも自分が行っているかのように、その運動に共感すること」ができるようになる。自己観察や自己評価は、行為者自身の動感が精緻化されることで成立し、他者観察や他者評価は、行為者自身の動感を源泉に、他者の動きを「なぞる」（尼ヶ崎，1995）ことで成立する。保育者や教師が子どもたちの動きを見抜く場合は、他者観察の運動共感が求められるが、その前段には精緻化された観察者側の動感が

必要になってくる。子どもたちの動きを指導する大人たちにも、ある水準に達した卓越性が求められている。

　他方、子どもたちの動きを見抜くだけの動感が観察者側に身についていた場合であっても、動きを言葉で説明することは難しい（ポラニー，1992）。実際に動作の改善や修正では、限定的ではあるが「ビュン」「ギュン」「ポン」、そして「トントントン」のような擬音語・擬態語（オノマトペ：onomatopoeia）を活用することが多い。その他「ドアのノブを捻るように」など、日常生活の中で使用されている動きを、指導助言に用いることがある。いずれの試みも、子どもたちの身体の中で生成される「感覚」を喚起することが「ねらい」となっている。私たちの生活の中には、子どもたちの動きの種になる素材（「感覚」）がたくさんあることに目を向け、私たち大人は、観察者として助言できる動感能を高めておく必要があるだろう。

（3）深い教材・教具の理解

　学校体育の単元には鉄棒があり、その教材に「逆上がり」がある。近年では、日常生活の中に両手や片手でぶら下がる機会が少なくなっているため、ぶら下がったときの感覚や身体の使い方など、これら原体験が圧倒的に欠如している。一般に、大人は「できない」から「できる」段階に移行することを期待するが、多くの活動や教科で、その期待が裏切られることがある。

1）教具（道具）がもつ作法

　特に配慮が必要な事柄として、表現系に位置づく活動や教科の中には、教具（道具）の扱いに対する卓越性が学びの見取りや学習成果を左右することがある。彫刻刀は、刃先の選択から始まり、木片に刃先を押し付ける力や角度を理解していなければ、思いどおりの作品に仕上げることができない。また縦笛は、求める音色に規定された音孔を指で正確にタイミングよく押さえなければ、求める音色は表現できない。さらに書写は文字を書く前に、筆を使って半紙に加える力の入れ方や抜き方、半紙に対する筆の角度を学び、「とめ・はね・はらい」を獲得することが求められる。子どもたちは、様々な教具（道具）を扱うに際して、適切な姿勢の確認から始まり、肩、肘、手首、そして指先を、高度な情報処理のもとコントロールしている。しかしながら、短時間で教具（道具）を自由自在に

操れるようになることは稀である。子どもの方が大人以上に思いどおりに操れない「もどかしさ」を感じている場合もある。ここでは、体験させたい・学ばせたい内容と子どもたちの間に介在する教具（道具）が障害となって、子どもが思考を巡らし工夫した成果を、大人が見立てられない場合があることを、知っておく必要がある。

2）立ち止まり・振り返る勇気

　すべての動きは、「〇〇したい」という意図に裏づけられた運動とそのとき知覚された感覚との統合（または照合過程）を経て表出される。周知のとおり、「できない」から「できる」までには、比較的多くの時間が反復練習や試行錯誤に費やされている。近年では「すぐ『できた』」や「『できる』までに時間がかかった」という見取りや評価よりも、学びの途上にある子どもたちの姿に目を向けようとする議論がある。体育科の授業に関しては、「わかるような気がする（できるような気がする）」（岡端, 1993）という熟達雰囲気や「『あっ、なるほど』と言わしめる」（鈴木, 2022）ような学習内容の開発が検討されている。上述のような「できるような気がする」段階では、まだ「できる」段階に達していないことがわかる。このことは、「できる」前段にあることで生まれる子どもの「前進しよう」とする意欲や感情の動きに期待した視座となっている。

　一般に、鉄棒運動にとって大切な技術には、「握り固定技術」「握りなおし技術」「持ち換え技術」「肩角減少技術」、そして「着地技術」がある（福本, 2006）。これらの技術は、遊びを通じて低学年で学ぶ内容となっているが、高学年になっても「逆上がり」ができない児童は、上記の5つの技術が充分な水準に達していない可能性がある。勤務する園や小学校に高鉄棒があれば、鉄棒に跳びついて降りる。また鉄棒につかまったまま前後に振ってみる。さらに大きく振ってみる。このような何気ない運動が「確かなモノになっているか」を確認する必要がある。もし幾人かでも「不充分だ」と判断することがあれば、子どもたちの技能水準を見抜き、それぞれの水準ごとにチャレンジできる場を設定する必要がある。これは、ある単位時間の活動の中に、複数の活動内容や学び方（学びの場）が同時に存在することになり、その実現には、活動や授業に対する高度なマネジメント能力が問われることとなる。

　また、より丁寧に動きを創ることを企画するのであれば、「できない」ところ

で「できない」理由をみつけて助言するより、一つ前に戻って「できる」ことを確認する方が、子どもたちに不要な挫折感や劣等感を抱かせず、学びに向き合わせることができる。結果、子どもたちが「できるような気がする」と思ってくれれば、その後の活動や学習に対する態度は積極的になり、その子なりに「できる」よう工夫し始めることが期待される。意欲の高まりは、子どもの主体的な活動を刺激し、探求による深い学びを担保する。その機会を見逃さず、学びを確実なものにするためには、子どもたちの成長に合わせて配列されている教材の内容（コンテンツ）を系統的に理解しておくこと、さらには、それら教材（素材）を柔軟に組み替えたり、時には大胆にアレンジしたりする力が求められている。

5. 自然認識を育む教材・教具

（1）幼児期のかがく遊びと教材・教具

　平成29年告示の幼稚園教育要領（文部科学省，2017b）を見ると、幼児教育における自然や科学に関わる内容は、主として「環境」領域に位置づけられている。幼児期の学びは「遊びを通して」行われることが基本であり、この遊びのための素材が幼児の科学教育における「教材」と考えることができるだろう。具体的な題材として、ここでは小谷ら（2023）が提案する幼児期の「かがく遊び」に焦点を当ててみたい。

　小谷らは「かがく遊び」について「発達段階に適した子どもの『考える力』の育成を目的とした遊び」「『もの』や『現象』と関わることを主体とした遊び」「幼児教育と教科教育（生活科［自然領域］＋理科）をつなぐ遊び」と3つの側面から定義しており、磁石遊びや土遊びなど、さまざまな「かがく遊び」を提案している。また、「かがく遊び」における物的環境を構成するためのポイントとして、「①知的な気づき（乳幼児がかがく遊びを通して独力で気づけるような基本的・初等的な科学知識）」を用意すること、比較・分類しながら探索できるよう「②互いに性質の異なる教材配置」を行うこと、仕組みや規則性に気づきやすくするよう「③教材の難度や数量の傾斜的配置」を行うこと、子どもが満足するまで探索できるよう「④1人1セットの教材配置」を行うこと、という4点を挙げている。ここでは小谷らの提案する「かがく遊び」から2事例を取り上げな

がら、これらのポイントを具体的に確認していくことを通して、子どものための教材・教具の在り方について考えていきたい。

事例1つ目は「ものの浮き沈み遊び」である。透明な水槽と、そこに投入できる様々な素材を用意し、子どもが水に素材を入れて遊ぶというものである。この遊びには、ものには浮くものと沈むものがあるという「知的な気づき」が用意されており、そのことに気づかせるためには「性質の異なる素材（ここでは水に浮く素材と沈む素材）」を配置することが有効であると述べられている。また、子ども達がじっくりと探索できるよう、教材は1人1セット準備することが望ましいと述べられている。

事例2つ目は「斜面転がし遊び」である。段ボール等で作成した斜面を、様々な物体を転がして遊ぶというものである。この遊びには、転がりやすい形と転がりにくい形とがあるという「知的な気づき」が用意されており、事例1つ目と同様に性質の異なるもの（例えば丸と三角の物体等）を用意する必要があると述べられている。また、前述の「教材の難度や数量の傾斜的配置」を考える場合、斜面の種類（傾斜の異なるもの）や転がす物体の種類を徐々に増やしていくことで、子どもは斜面上の運動の規則性に気づきやすくなると考えられる。

これらの事例から得られる「子どものための教材・教具」への示唆として、とりわけ似たような位置づけにありながら異なる性質を持つものを意図的に組み合わせること、それらを段階的に提示することの有効性が挙げられよう。例えば同じ球型のものであっても、大きさや素材は様々であり、組み合わせ次第で様々な気づきを誘発できる。後述の小学校理科においても、子どもに問題を見いださせるためには「比較」が重要であるとされている。このため、保育者・教育者は身の回りの多様な素材や現象に関心を持っておき、珍しい素材、意外性のある素材を見つけたら、他の素材と比較する事でどのような知的な気づきを導けるのか想像していくことが求められよう。また、保育者自身がそれぞれの「かがく遊び」に関わる科学概念や生活的概念を理解しておくことも求められる。例えばものの浮き沈み遊びは密度や浮力等の科学的概念（大きいものが必ずしも沈むとは限らない等）や、野菜のでき方（地面の上でできるか下でできるか等）等の生活的概念とも密接に関わる。それらに関する知識や経験を持っておくためにも、予備実験や教材研究が重要であろう。冒頭の「リアルな姿」で示したような子どもの何

気ない発言をきっかけに毎年少しずつ教材研究を重ねることが、保育者・教育者としての自信を深めることにもつながるはずである。

（2）児童期の理科教育と教材・教具

　小学校における理科は「観察・実験を通して学ぶ」という性質上、教材・教具とは切っても切り離せない教科である。理科において、子どもに身につけさせたい資質・能力は「基礎的な知識・技能」「科学的に問題を解決する力（思考力・判断力・表現力）」「学びに向かう力・人間性」と大別されており、教材・教具を選択するにあたっては、これらのねらいとの関係を常に念頭に置いておく必要がある。ここでは具体的な単元として「第3学年身の回りの生物」を挙げ、単元のねらいと教材・教具の関係を確認していくことを通して、子どものための教材・教具の在り方について考えていきたい。

　事例とする単元は、身近な植物や昆虫などの観察を通して、生き物の多様性や、それらの共通点や差異点に気づかせていく単元である。ここでは身につけさせるべき知識として、例えば「植物の体は根、茎、及び葉からできていること」等が示されている。また、第3学年で身につけさせるべき問題解決の力として「比較する力」が挙げられているほか、育むべき人間性として「生物を愛護する態度」等が挙げられている。ここでは観察対象となるホウセンカやモンシロチョウ等が教材、観察のための虫眼鏡等が教具という扱いになるであろう。

　この単元から見る「子どものための教材・教具」への示唆として、授業のねらいに応じた教材・教具の選定や、それを生かすための授業中の声掛けの重要性が挙げられよう。例えば植物の観察を行わせるためには、教師は観察対象となる植物を教材として選定しなければならない。では、どのような植物を選ぶべきかというと、各学校所在地の気候、発芽や成長のしやすさ、根、茎、葉などの構造の観察のしやすさ等、いくつか考慮しないといけないことがある（教科書に例示されているホウセンカ等の植物は、これらを考慮して選定されている）。「比較する力」を育成するためには、上記の条件を満たした植物を2種類以上扱い、比較を促す声掛け等を工夫しながら、共通点や差異点に気づかせていく必要がある。さらに生物を愛護する態度を育むためには、観察中の植物の扱い等にも気をつけるべきだろう（根の観察のために土から取り出す際にも丁寧に作業をさせる等）。

第 4 章　子どものための教材・教具　55

最後に、理科における教材・教具の中には、ケガや事故につながるものも存在する。例えば観察のための虫眼鏡を使わせる際には、絶対に太陽を見ないことを事前に徹底しておく必要がある。ケガや事故を恐れるあまりに実体験をおろそかにしてしまうのも学習の機会損失であるため、やはり教師は予備実験や教材研究を入念に行っておく必要があるだろう。

6. 終わりに

本章では紙幅の都合上、限られた教科・領域の教材・教具、およびそれに関わる論説を取り上げるにとどまった。また、今日世に存在する数多の教材・教具は、日々、多くの保育者や教育者、研究者等によって、研究や改良が重ねられている最中である。子どもに学びと成長をもたらさんとする熱意や試行錯誤によって磨かれ、洗練された教材・教具こそ、真に「子どものための教材・教具」であると言えよう。

付記
本章の1、2、6は山中が原案を執筆し、共同で加筆・修正を行った。

文献

尼ヶ崎彬『ことばと身体』勁草書房, 1995
福本敏雄「鉄棒運動をどう考え, どう教えるのか」, 金子明友（監修）, 吉田茂・三木四郎（編）『教師のための運動学：運動指導の実践理論（第12刷）』大修館書店, 2006, pp.187-195
岩内亮一・本吉修二・明石要一（編）『教育学用語辞典［第四版（改訂版）］』学文社, 2010
小池研二「表現の題材と教育方法」, 大坪啓介（編）『求められる美術教育』武蔵野美術大学出版局, 2022, pp.113-123
小谷卓也・学校法人山添学園幼保連携型認定こども園御幸幼稚園・さくらんぼ保育園『0歳からのかがく遊び』株式会社メイト, 2023
文部科学省『小学校学習指導要領（平成29年告示）解説　図画工作編』東洋館出版社, 2017a
文部科学省『幼稚園教育要領（平成29年告示）』東山書房, 2017b
西村徳行「児童の造形と造形あそびの指導」, 山口善雄・佐藤昌彦・奥村高明（編）『小学校図画工作指導法』建帛社, 2018, pp.42-54
岡端隆「運動技能の指導と身体知の獲得に関する一考察」『スポーツ運動学研究』, 6, 1993,

pp.1-10

岡端隆「スポーツ運動における運動観察の方法に関するモルフォロギー的一考察」『静岡大学教育学部研究報告(人文・社会科学篇)』，59，2009，pp.41-52

ポラニー，M.，佐藤敬三(訳)・伊藤俊太郎(序)『暗黙知の次元：言語から非言語へ』紀伊國屋書店，1992

鈴木理「学校体育に求められるコーチング学的視座」『コーチング学研究』，36(1)，2022，pp.1-3

上中良子《「「表現」…それは、誰のもの？―学習指導要領に繰り返し強調される「造形あそび」をきっかけとした考察―》』『京都橘大学研究紀要』，38，2012，pp.230-258

第5章

グローバル化する地域社会と保育・教育

大庭三枝・林原慎

> 　小学校1年生のA君は、お父さんがイギリス人、お母さんが日本人です。見た目が日本人らしくないA君は、ある日、家に帰って来てこんなことをつぶやきました。
> 「学校イヤだな…」
> 　突然つぶやいたA君を、お母さんがじっと見つめると、少し元気がないように見えました。この前、担任の先生との懇談で、授業中勉強にあまり集中できていないと言われたので気になっていたところでした。そういえば、保育所の時は、よく家で名前が出ていた仲が良いはずの友達の名前を耳にすることがなくなってきました。気になってA君の連絡帳を見ると、最近忘れものが多い様子です。お母さんは、もしかしたらA君が学校でいじめられているのかしれないと思って、A君にさりげなく何があったのか聞いてみました。すると、ようやく重い口を開いたA君。
> 「だって、友達から『お前、何人（なにじん）？』って、いつも聞かれるから…」
> と、小さな声でお母さんに話しました。心配になったお母さんは、A君の話をじっくり聴くことにしました。

1. 問題の所在

　これからの国際社会では、人・財・資本・情報の移動の激化と多様化がより一層進展する。グローバル化と相互依存関係がより一層進展していくことが想像で

きる。同時に国内では、個人レベルの国際化の進展、異なる文化や生活習慣を持つ外国の人々の増加、保育・学校の中での多文化化や多国籍化もより一層加速していくことが予想される。

出入国管理庁（2023）によると、2023年現在の在留外国人数は、307万5,213人で過去最高を更新し、前年末に比べ31万4,578人（11.4％）増加した。パンデミックが収束したことを受け、今後もグローバル企業の日本へのさらなる進出、国際結婚の増加、留学生の増加、外国人労働者の増加など、今後、日本の社会はますます国際化していくであろう。同時に、多様な文化の中で共生していく社会へと変容していくであろう。

2. 多様性理解と保幼小連携

（1）子ども時代の多様性をどのようにとらえるか
1）本当に子どもを中心に考える国々

現代社会は世界的規模で人の移動・交流が行われている一方、子ども一人ひとりが持つ多様性（特別な配慮、家庭背景等）、保育・教育を取り巻く環境に含まれる多様性（貧困、地域社会特性等）など、身の回りの多様性に気づき共生する力量が求められているといえる。子どもたち一人ひとりの育ちが理解され、差異や違いを互いに理解し尊重する風土の中で成長できる社会が、持続可能（サスティナブル）でインクルーシブな社会の実現に近づくとして、諸外国では「多様性理解」を幼児期からのプログラムや保育政策に反映させてきた。

フランスでは、多様な家庭・文化・社会背景を持った子どもの存在は前提であり、「保育学校教育プログラム」では「子どもの権利」としての多様性を認め、子どもの中に多様性理解を育もうとしている。他者との考え方や感じ方の違いを尊重しどの子にも意見表明が許され、「母語がフランス語でない子の存在は貴重、言語多様性はフランス文化の豊かさ」であると明記されている。

カナダ・ケベック州では、子どもとその家族が保育・教育の中心にあり、「保育における教育プログラム」（0〜5歳）と「就学前教育課程プログラム」が連動している。子どもの多様性と個別性（第一言語、移住までの経験、障害、家族文化など）を認識しインクルーシブな環境を提供することが重要とされている。

移民が多い連邦制国家カナダには先住民族も多く、オンタリオ州では第一言語を尊重し文化的アイデンティを育むことが自尊心や安心感を高めるとし、子ども自身が多様なコミュニティに属しており、最終的には地球コミュニティの市民であることを理解することが目指されている。

フィンランドでは、「幼児教育とケアのためのナショナル・コア・カリキュラム」にみられる多様性に関する重要な価値観として「参加、平等、公平」と「文化的多様性と言語意識」が挙げられる。子ども一人ひとりに対して幼児教育とケア計画が策定され、その作成プロセスには子どもと保護者が参加する。

ノルウェーの保育理念の中核には子どもが据えられており、「幼保一体型保育施設法」に、日々の活動や計画に見解を述べる権利が認められているように、子どもたちは保育に参画する能動的な存在として位置づけられている。ガイドラインとなる「フレームワークプラン」では、「子どもと子ども時代を尊重すること」「民主的感覚を育むこと」「多様性を重視し他者への敬意を払うこと」などが価値観として挙げられている。

オーストラリアのEYLF（Early Years Learning Framework）の原則の中には「多様性の尊重」があり、子どもの個別性と歴史、文化、言語、伝統、子育ての監修、家庭のライフスタイルなどの多様性を尊重することが明示されている。アボリジニや諸島部の存在についても理解が必要とされる。

シンガポールでは、「多様な文化背景を持ち、異なる考えや視点を持つ人々と一緒に働く能力」が、就学前に身につけるべきスキルとして求められている。

日本においては、まず日本国憲法の基本原理である基本的人権と国民主権の関係を理解する必要がある。日本国憲法における民主主義（国民主権）は、少数者の人権保障を前提とした民主主義である。「『少数者の人権保障＝多様性』を最優先にしたうえで、多数者の意思で決めているということになる。」（橋本、2022）最高法規の日本国憲法においては、個人の尊厳（第13条）が尊重され、その実現のために人権が保障される（10〜40条、例：生存権（25条）、教育を受ける権利（26条）など）。憲法の規定に基づいて、「教育基本法」、「学校教育法」、「児童福祉法」、「こども基本法」などの法律がある。実施のために「政令」や「省令」が定められ、実際には「告示」（幼稚園教育要領、保育所保育指針など）が重要な役割を果たしているので、日本では、法律や政令・省令、告示に「多様

性」の記述がなくても日本国憲法の少数者の人権保障（多様性の尊重）が含意されているとされている。

2）子どもの様々な「声」と「言葉」に耳を傾ける

クラークは幼児について「その子自身の人生のエキスパート」、「熟達したコミュニケーター」「権利の保持者」「意味を創り出せる」と述べている（Clark, A.2017）。言語の未発達な幼児が示す反応や行為には彼らの見解や意見が物語られている。そこで、幼児の内的世界を理解するためには、様々な方法を複合的に用いて彼らの真意をうかがい知ろうとする必要があるとして、観察や簡単なインタビュー、子ども自身が撮った「重要なものの写真」でブックメイキング、子ども主導のツアー、マップメイキングなどを組み合わせる「モザイクアプローチ」が提唱されている。幼児の多様性理解には、子ども自身の能力を信じ、理解しようとする大人の存在が何よりも必要であるといえる。

この視点は、日本における外国籍の子ども理解についても必要といえる。外国にルーツのある子どもの様々な行動は、文化的背景や言語的コミュニケーション上の問題から生じているのか、発達障害に起因したものなのかは見分けることが難しいとされ、こうした子どもは発達障害として特別支援学級に誤配置される例が見られるという指摘がある。多様性は、日本におけるすべての子どもに権利として保障され、個別の理解に基づき適切な対応がなされる必要がある。

（2）多様性を理解しつなげる保幼小連携
1）個別の発達連続性を尊重する事例

F市立A小学校は、2013年から本格的に保幼小連携に取り組み、学区内の保育所・幼稚園・こども園だけでなく隣接する小学校区も参加して、就学前から小学校へ発達の連続性を繋ぎ「安心」して学べる場であるよう、小学校1年生の姿を中心に話し合う保幼小連絡協議会（年6回開催）を10年以上続けている。連携活動は大きなもので年間7回（スタート訪問、1年授業参観、保育参観、保幼小合同研修会、秋祭り、出前授業、体験入学）行うが、それに伴う緊密な相互連絡体制が保育所・幼稚園・こども園・小学校間で構築されている。

上記の協議会で話題に出た小学校生活にしんどさを抱える男児について、出身保育所から生活の様子や場面に応じた支援などについて、1年クラス担任は具体

的に教えてもらった。

　この男児について、小学校側は保健室にいる時間が長いことを心配していたが、「保育所在所時における欠席や早退の多かった出席状況を考えると、小学校へ毎日登校していることは彼にとって大変な頑張りであり、大きな成長である」ことが保育所側から説明され、小学校側も理解した。そこでまず、養護教諭の協力によって居場所の確保が行われ、「長い針が12までいていい」など見通しをもった予定を一緒に立てると、次第に時計を見て自ら教室に帰るようになった。担任以外に個別対応してくれる連携支援職員の協力もあり、午前中教室で頑張れば、午後支援職員と1対1で勉強できることも励みになった。組織として、校長の理解と支援があり、「他の児童と同じことをさせなくてはならない」というプレッシャーから担任は解放され、安心感につながった。また、学年団が協力し、児童の実態を理解し到達目標を発達の個別性に沿うよう修正し、体育・生活は学年合同授業を行い、多くの目で見守る工夫がなされた。

　集団学習がしんどかったこの男児も、その子のペースに合わせた個別指導を行うことで徐々に保健室にいる時間が短縮された。保幼小連携活動である生活科「秋まつり」（11月）では、出身保育所の5歳児が小学校に来るので1年生として意欲的に活動し、懐かしい保育所の先生たちにほめられ自信をつけた。その後3学期にはクラスでの学習が可能になり、2年生以降保健室に行くこともなく終日クラスで学ぶようになったのは、小学校側が出身保育所と連携してその男児の発達連続性を理解し、その進歩に寄り添い、個に応じた環境を小学校生活の中に創出したことによる。

2）外国籍の子も参加したくなる授業とは

　A小学校には外国籍の児童が何人もおり、出身園所と連携しながら受け入れている。母語が日本語でない子どもの中には、自分の意見を発表したり、授業中の質問応答に参加したりすることがなかなかできない子どもも見られる。子どもたちの多様性に対応する方策を考える一助として、保幼小連携活動として行われた1年生の参観授業（就学前施設からも参観）の風景を紹介したい。

　その日の授業は算数で、動物の数え方を皆で考えていた。安心して意見を表明できる雰囲気があり、多くの児童から様々な意見が出て、普段は手を挙げない外国籍の児童も挙手して自分の意見を伝えようとするなど、全員が自分なりの考え

を持ち、真剣に授業に参加していた。外国籍児童の出身保育所所長は、自分から参加しようとする姿が嬉しかった、よく頑張っていた」と指摘し、この児童の努力と成長は後の保幼小連絡協議会でも共有された。

　担任は次々に出てくる子どもたちの意見を尊重し、当初指導案で予定していたまとめが時間内にできなかった。休憩時間に子どもたちから「もう少し話し合いを続けたい」と申し出があり、算数の授業を次の時間も継続することとなった。子どもたちは多様な意見を自分たちなりに整理し話し合い、自分たちが納得のいくまとめに至り、それは当初指導案で想定していたまとめと遜色ないものであったと担任は述懐している。研究授業としての扱いでもあったこの授業について、この日の放課後校内で振り返りが行われ、担任が指導案通りまとめられなかったことに対する指摘が多かった。しかし、クラス全員が参加し、子どもが主導し子どもの言葉による討議が十分行われたことから、外国籍の児童も同じ土俵で話し合いに参加できて理解が深まり、後に行われた単元の確認テストでは全員が高い到達度を示す結果となった。

　A小学校においては、長年の保幼小連携で目指されてきた「安心して学べる学校」であることを重視し、教員主導の授業ペースとは異なる、多様性を包含した授業ペース（児童主導で全員が意見を出しまとめていく話し合い）を臨機応変に取り入れ、結果的にはクラス全体の理解到達度を向上させた。子ども同士が相互理解できる場面が学校生活の中で出現しやすくなるクラス風土、学校風土が学習を進展させ、その土台を保幼小連携が支えていたといえる。

3. 国際教育の実践と教科横断的な学び

(1)「国際理解教育」から「国際教育」へ

　地球規模での経済的・政治的・文化的交流が急速に進むにつれ、日本国内でも「国際理解教育」の重要性が議論されるようになってきた。1996年の「中央教育審議会第一次答申」では、「21世紀を展望した我が国の教育の在り方について」において、他の国や異文化を理解する教育や体験や交流活動を行う「国際理解教育」が推進された。しかしながら、急速で複雑に進展していく国際社会の中では、これまでの「理解」だけでは不十分であり、「主体性」や「発信力」も重要

な要素となる。そこで、2005年、文部科学省によって「国際理解教育」は「国際教育」に名称変更された。「初等中等教育における国際教育推進検討会報告——国際社会を生きる人材を育成するために——」では、「国際教育」を、「国際社会において、地球的視野に立って、主体的に行動するために必要と考えられる態度・能力の基礎を育成する」ための教育としている。

グローバル化の進展によって、多文化共生が当然の社会となってきた現在の日本では、学校や家庭で「リアルな姿」のような場面は、以前と比べて格段に多く見られる光景となった。このような日本社会の変化の中、「国際理解教育」から発展した「国際教育」は、「主体性」や「発信力」が一層重視されるようになってきた。よって、すべての子どもたちに対して、異文化を受容し、異なる文化をもつ人びとと共生することのできる力を育てなければならない。同時に、自らの国の伝統・文化に根ざした自己の確立、自らの考えや意見を自ら発信し、具体的に行動することのできる力を育てなければならない。

（2）国際教育の実践と教科横断的な学び

国際教育の目標を達成するためには、日本の学校教育活動では、国語科、算数科、社会科、理科、外国語、特別活動、道徳等のいずれの学習でも取り組むことが可能であるが、総合的な学習の時間との関連を意識し、教科横断的に取り組むことが重要となる。総合的な学習の時間は、教科の枠を超えて児童の興味・関心等に基づく学習を各小学校が創意・工夫の元に行われる。また、総合的な学習の時間は、日本の小学校の教育課程の中核的な役割を担っており、各教科等との関わりを意識しながらカリキュラム・マネジメントが行われることが求められている。ある教科で学んだことを総合的な学習の時間の学習内容に関連付けたり、子どもたちにとって学んだことを活用したりすることは、生きた学びとなる。

国際教育で扱う課題は、教科横断的な課題が多く、これらの課題を理解するためには、教科等における学習で培われる知識や技能等が必要となる。国際教育は、総合的な学習の時間を中心に教科等でも取り組むことができるが、いずれの場合も、授業者が学習した内容と総合的な学習の時間の関連を意識するなど、授業に広がりと深まりをもたらすことが重要となる。

(3) 外国につながる子どもが直面する社会科のつまずき

　では、外国につながる子どもには、小学校の授業内でどのようなつまずきがあるのだろうか。ここでは、社会科に焦点を絞って、子どものつまずきを考えてみたい。南浦（2009）は、外国人児童生徒の社会科授業における課題には、「言語的課題」と「文化的課題」があるとしている。社会科では、抽象的あるいは概念的で難解な言葉の理解が求められることから「言語的課題」が顕著に現れる。また、社会科はそもそも社会的な文脈に強く影響されている教科の内容となっており、根底にある基礎的な文化や風習が理解できていないために起こる「文化的課題」が存在している。

　外国につながる子どもの小学校社会科における「言語的課題」については、まず、絵や写真、図表などの活用、板書を分かりやすくするなど、視覚的に伝わりやすくするための視覚的支援が考えられる。また、簡単な言葉に言い換えたり、翻訳を行ったりする言語的支援も考えられる。さらに、机間指導で個別に分かっていない部分の支援を行う個別指導も必要であろう。現在ではこれらをより機能的に混ぜ合わせるためにICTを活用することも可能となってきている。なお、これらの支援は、結果的に外国につながる子どもへの支援だけではなく、教室のすべての子どもに対して、興味や関心を高めたり、抽象的な言葉や概念についての理解を促したりする手段となる。

　外国人児童生徒の「言語的課題」とその解決方法については、日本語教育学の領域で進められている。それらの研究に基づき、外国人児童生徒のための社会科授業の事例も蓄積されてきたことから、南浦（2009）は日本における外国人児童生徒のための社会科授業のデザインを分類した。その結果、児童生徒が所属する2つの文化の関わり方の観点から、「ホスト文化理解型」「母文化手段型」「母文化・ホスト社会相互理解型」となり、そのうち「ホスト文化理解型」の社会科授業のデザインがほとんどであったことを明らかにしている。「ホスト文化理解型」の社会科授業では、日本の社会を理解することが目的の中心となることから、同化的な社会認識が促されていくこととなる。もちろん、日本の文化を理解することは説明するまでもなく、とても重要なことである。しかし、これからの国際社会で生きていく子どもたちには、日本についての理解を深めると同時に、世界的な視点が必ず必要になる。また、日本の良さを理解し、それを発信してい

くためには、世界の中の日本であることをまず意識しなければならない。

　「言語的課題」「文化的課題」のほかに、「カリキュラム的課題」もあるのではないだろうか。日本の小学校の社会科は、課題を解決する活動を重視しており、国際社会において主体的に生きる平和で民主的な国家及び社会の形成者に必要な資質・能力を養うことを目標とする重要な教科である。ただし、日本に比較的似ている社会科は、アメリカ、韓国、フィリピン、タイ等の国にはあるが、日本と同じような社会科の国は世界的にみると少ない。他国を概観してみると、例えばイギリスでは、社会科という教科ではなく、地理、歴史という教科に分かれている。カンボジアでは、社会科という一つの教科の中に、地理、歴史、公民・道徳、家庭科、芸術がすべて含まれている。社会科はその範囲が広く、学習で扱う内容が社会科学全般に渡るため、各国で大きく異なる学習内容となっている。

　そのため、外国につながる子どものうち、日本と同じような社会科が存在しない国での教育を受けてきた子どもにとっては、社会科自体が親しみのない教科である。また、日本の社会科は課題を追究したり解決したりする活動が多く、社会科の学習方法に慣れるまでに時間がかかる子どもたちも少なからず存在する。ただし、ここでは、日本の社会科のカリキュラムや学習方法を大きく変更することを提案しているわけではない。なぜなら、小学校社会科の目標自体が、「グローバル化する国際社会に主体的に生きる平和で民主的な国家及び社会の形成者に必要な公民としての資質・能力の基礎」を育成することだからである。外国につながる子どもを預かる教室で求められているのは、まず、子どもがどこでどのようにつまずいているのかに気づくことである。つまずきの原因をしっかり理解することで、子どもたちは次の学びの段階へと向かっていくことができるのである。

（4）海外の先駆的な学びを日本の学校教育へ

　国際教育では、海外の先駆的な取組を日本の学校教育に生かすという視点も必要である。例えば、国際バカロレア教育（IB：International Baccalaureate）、イエナプラン教育（Jena-Plan）、IPC（International Primary Curriculum）等、国際教育をカリキュラムの基盤に据えている教育では、グローバルな人材を育成することをめざしている。これらの国際教育における教科横断的な学びに共通しているのは、地理、歴史、理科、芸術、道徳等の日本の教育課程に伝統的な

科目を包括する形になっていることである。また、日本の学校教育法第1条による小学校、いわゆる「一条校」としても認められる学校も散見できるようになっている。これらの先駆的な学びを取り入れている小学校では、国際教育を中心とする探究的な学びが行われている。

日本の総合的な学習の時間においても探究的な学びが実施されているが、特に公立小学校では、テーマや視点が特定の地域の中にとどまっていることも比較的多く見られ、その点でグローバル人材の育成という点ではまだまだ課題が残っている。もちろん子どもの生活と密着している地域を探究のテーマから切り離すわけにはいかない。必要なのは、自分たちが生きている地域と世界のつながりについて拡大したり縮小したりする想像力である。そのために、外国につながる子どもたちは、大変貴重な存在となる。なぜなら、外国につながる子どもを通して、学級は日本と国際社会のつながりを感じることができるからである。

4. ま と め

地球全体で共通する問題はますます深刻になっており、人類が直面する課題はまさに山積状態である。これらの問題を教室の中で考えることは、すなわち自分の立場と世界のどこかに住んでいる人の立場の両方を考えることである。これからの学びには、地域と世界の両方を意図的に意識させ、子どもたちの頭の中に「伸縮自在な世界地図」を備えさせるような工夫が必要である。前述したように、今、求められているのは、自分たちが生きている地域と世界のつながりについて拡大したり縮小したりする想像力であると考える。

世界を舞台として活躍できる人材をグローバル人材とするならば、多様性を受け入れつつ、世界を視野に入れて、地域に貢献できる人材をグローカル人材と呼ぶことができる。そのような人材を幼保小の連携のもと育てていく必要があるのではないだろうか。

また、外国にルーツを持つ児童・生徒が学校で困難さを抱える場合は、各地域で設立が進んでいる相談センター等との連携もより一層重要となる。これまでの伝統的な価値観に基づく家族のイメージは急速に変化しており、疑う余地もなく多様化している。保育・教育の現場では、その前提に立つことが当然ながら求め

られる。そして、その延長線上に、だれ一人取り残さない社会が築かれていくはずである。

文献

Clark, A., *Listening to Young Children: A Guide to Understanding and Using the Mosaic Approach, Expanded Third Edition*, Jessica Kingsley Publishers, 2017

橋本勇人「(1) 日本国憲法と多様性」『保育士養成カリキュラムにおける多様性理解に関する調査研究研究報告書（研究代表大庭三枝）』令和3年度一般社団法人全国保育士養成協議会学術研究助成課題研究, 2022, pp.28-29

Hayden, M., Levy, J. & Thompson, J. *The SAGE handbook of research in International Education*, SAGE Publications Ltd, 2015

南浦涼介『外国人児童生徒のための社会科教育―文化と文化の間を能動的に生きる子どもを授業で育てるために』明石書店, 2013

National Core Curriculum for early childhood education and care, (https://www.oph.fi/sites/default/files/documents/Varhaiskasvatussuunnitelman%20perusteet%202022_EN_final_23%20.pdf)（2024年7月26日閲覧）

Nurturing Early Learners (NEL) Framework (https://www.moe.gov.sg/preschool/curriculum)（2024年7月26日閲覧）

文部科学省『小学校学習指導要領（平成29年告示）解説社会編』日本文教出版, 2018

大庭三枝（研究代表）『保育士養成カリキュラムにおける多様性理解に関する調査研究研究報告書』令和3年度一般社団法人全国保育士養成協議会学術研究助成課題研究, 2022

Programme d'enseignement de l'école maternelle（Bulletin official n° 25 du 24-6-2021 (https://cache.media.education.gouv.fr/file/31/89/4/ensel712_annexe_1312894.pdf)（2024年7月26日閲覧）

Programme-cycle de l'éducation préscolaire (http://www.education.gouv.qc.ca/fileadmin/site_web/documents/education/jeunes/pfeq/Programme-cycle-prescolaire.pdf)（2024年7月26日閲覧）

Regulations on a framework plan for the content and tasks of kindergartens (https://lovdata.no/dokument/SFE/forskrift/2017-04-24-487?q=Framework%20Plan%20for%20Kindergarten)（2024年7月26日閲覧）

佐々木由美子「日本で学ぶ外国にルーツを持つ子どもたち」『子ども学』, 11, 2023, pp.133-151

出入国管理庁「在留外国人統計（旧登録外国人統計）統計表」(https://www.moj.go.jp/isa/policies/statistics/toukei_ichiran_touroku.html)（2024年5月15日閲覧）

THE EARLY YEARS LEARNING FRAMEWORK FOR AUSTRALIA（https://www.acecqa.gov.au/sites/default/files/2018-02/belonging_being_and_becoming_the_early_years_learning_framework_for_australia.pdf）（2024年7月26日閲覧）

The Kindergarten Act（https://lovdata.no/dokument/NLE/lov/2005-06-17-64?q=The%20Kindergarten%20Act）（2024年7月26日閲覧）

第6章

特別支援ニーズのある子どもと家族への支援

吉井涼・平野晋吾・伊澤幸洋

　A先生は小学校の自閉症・情緒障害特別支援学級の担任です。この学級には6人の児童がおり、3人は3年生、3人は4年生です。3年生のBさんは、1年生から通常の学級で学んでいましたが、2年生の半ばから勉強についていけなくなり、友人との人間関係でも悩むようになりました。当時在籍していた通常の学級の担任の先生は、Bさんの対応に困り、教育委員会を通じて教育巡回相談を依頼し、大学の専門家に授業見学に来てもらい、助言を受けました。医療機関にて心理検査等のアセスメントを受けてみましたが、学業の遅れ等について、はっきりとした原因は分かりませんでした。しかし、通常の学級での学習についていけていないことから、保護者とも相談の上、Bさんは3年生の途中から特別支援学級の在籍となりました。

　こうして在籍することになった特別支援学級での授業中、担任のA先生は、Bさんに対して個別の指導を行いますが、Bさんは授業内容を理解できていません。ほかの児童が問題を解いている中、Bさんは時折寝ています。Bさんは、交流及び共同学習を通じて、通常の学級で学ぶ時間もありますが、通常の学級での学びにもあまり興味を示さず、友人との関係もうまくいっていません。A先生は、「Bさんは授業に対するやる気がないから授業に参加しないのだろうか」と推測しています。家庭において、Bさんは夜遅くまでゲームをしているようです。今日も遅刻し、家族の方に付き添われて登校しています。学校に来ない日もあります。「家庭環境の問題から学校での授業に取り組む意欲がないのかもしれない」ともA先生は考えています。

1. 日本における特別支援教育の実情

　保育所・幼稚園や学校で生活する・学ぶ子どもたちは、一人ひとり多様である。子どもたちが示す多様性の一つに障害がある。障害のある子どもはどこで学んでいるのだろうか。就学前の場合、地域の保育所・幼稚園で障害のない子どもと共に保育・教育を受けることもあれば、児童発達支援施設等の福祉施設や特別支援学校幼稚部などの障害のある子どものための施設・学校で学ぶこともある。

　義務教育段階においては、特別支援教育制度の中で、障害のある子どもに対する教育が行われている。特別支援教育制度では、主として都道府県教育委員会が管轄する「特別支援学校」、市町村教育委員会が管轄する小・中学校の中に設置される「特別支援学級」、小・中学校の通常の学級に在籍する子どもを一定時間別の教室に取り出して指導を行う「通級による指導」等、「連続性のある多様な学びの場」を整備し、障害のある子ども一人ひとりの教育的ニーズに応じた教育を行っている。

　特別支援学校が対象とする障害種は、視覚障害、聴覚障害、知的障害、肢体不自由、病弱・身体虚弱の5つであり、発達障害は対象とはなっていない。特別支援学級が対象とする障害種は、知的障害、肢体不自由、身体虚弱、弱視、難聴、言語障害、自閉症・情緒障害である。通級による指導は、言語障害、自閉症、情緒障害、弱視、難聴、学習障害、注意欠陥多動性障害、肢体不自由、病弱・身体虚弱が対象であり、知的障害は通級による指導の対象とはなっていないことに注意が必要である。これらは、学校教育法施行令等の法令によって規定されている。しかし、法令が規定する障害種や障害の程度に該当したからといって、無条件に就学先が決定されるのではなく、2013年9月の法改正以降、「個々の児童生徒等について、市町村教育委員会が、その障害の程度等を踏まえた総合的な観点から、就学先を決定する」仕組みとなっている。

　近年、特別支援教育を受ける児童生徒数は増加傾向にある。例えば、文部科学省の学校基本調査によると、2012年から2022年の10年間においては、義務教育段階の児童生徒の割合は約1割減少する一方で、特別支援教育を受ける児童生徒数は2.0倍となっている。内訳は、特別支援学校が1.2倍、特別支援学級が2.1

倍、通級による指導が2.3倍である。

　事例のBさんが在籍する特別支援学級では、1学級あたりの児童生徒の数は、小学校、中学校のいずれも8人を標準としており、通常の学級の定員数に比べて、少人数による学級編制となっている。特別支援学級における教育課程については、設置される小学校や中学校の教育課程の基準に基づいて編成することが前提となるため、通常の学級で行われる教育と同等のものが実施される。しかし、障害の状態等による学習上または生活上の困難が想定される児童生徒に対しては、特別の教育課程によることができると学校教育法施行規則に規定されている。この特別の教育課程とは、すなわち、特別支援学校小学部・中学部学習指導要領を参考として、実情に合った教育課程を編成することができるということである。また、「交流及び共同学習」により、特別支援学級に在籍する児童生徒が、通常の学級で過ごし、障害のない児童生徒と共に学ぶ時間もある。

　さて、このような特別支援学級で学ぶBさんは、少人数編制の学級の中で、障害に応じた個別的な教育を受けることができる。しかし、Bさんの場合、生活リズムが整っておらず、授業を受けることだけでなく、そもそも学校に来ることも困難な様子である。学校に来てくれないとき、A先生はBさんにどのようなかかわりができるだろうか。Bさんはどういうところに躓きがあるのか、どのような指導方法が良いのだろうか。そもそも、特別支援学級という学びの場は、Bさんにとって適切な場となっているのだろうか、Bさんはなぜ特別支援学級に在籍することになったのだろうか。

　本章では、Bさんのように、主として特別支援学級に在籍する子どもの教育について、3つの視点から概観する。第1に、障害児臨床研究からみる教育的ニーズの実態把握と支援、第2に、発達臨床心理学研究からみる生活全体を見通した自立活動、そして第3に、障害児教育史研究からみる特別支援学級の成立と展開についてである。これらを通じて、特別支援ニーズのある子どもとその家族への支援において、保育者・教育者が持つべき視点・考え方を提起する。

2. 障害児臨床研究からみる教育的ニーズの実態把握と支援

(1) 事例1 情緒障害特別支援学級在籍児童

　発達障害を呈する児童の特別支援学級入級が増加傾向にある。さらには、地方都市においても外国からの労働人口の流入に伴って外国にルーツを持つ児童（CLD児）の入学者数が年々増加傾向にあり、教科学習に必要な学習言語の習得が課題となっており学業不振を招く恐れが指摘されている。

　事例1は、公立小学校3年生の男児で自閉症・情緒障害特別支援学級に在籍している。家族構成は、父が英語圏の外国籍、母は日本人、兄弟2人の5人暮らしである。家庭では専ら日本語を使用している。この事例は、発達障害としての特性とCLD児に近似する成育環境の問題が併存する児童である。

　次に、学校での処遇経緯と学習および学校生活状況について述べる。小学校1・2年次は通常の学級在籍であったが、落ち着きがなく、しばしば級友とトラブルがあった。学業不振により、専門の医療機関を受診してAD/HDの診断を受け、薬物療法が開始された。小学校3年から自閉症情緒障害特別支援学級へ入級となっている。学習に関する本人の内省としては、算数を中心に勉強全般に苦手意識がある。国語に関しては、口頭で言われたことは理解しやすいが、文章読解が難しく、長文になるほどより困難となる。書字は平仮名、片仮名、漢字ともなぞり書きも含め正確にできない。算数に関しては、加減算の繰り上がり繰り下がりの処理が不正確で、掛け算九九は2の段から不正確、筆算の位取りも難しく、文章読解に困難を示し立式もできないといった状況にあった。その一方、理科や社会などで経験したことは定着しやすいといった得意な側面も認められた。

　こうした学習・学校生活の課題を抱えている児童の心理学的な問題を把握するためには、知能や読み書き算数の基礎学力を包括的に評価する検査を実施し、個別支援計画を立案することが必要となる。知能検査として一般的に知られているWISC-Vを実施した結果、総合的な知能指数は75で標準範囲80-120の基準値からみると低い成績であったが、主要指標得点は最低値が「流動性知能」75で、最高値が「言語理解」と「処理速度」の85と若干の成績差を認めた。下位検査の評価点をみると、個人内差が大きく認知発達の偏りが生じていることがわか

る。具体的な事物に対する意味・概念理解は標準範囲の能力を示しているが、抽象的言語思考力、論理的思考力、記号や図形の認知および記憶と構成を苦手としていることが確認できた。基礎学習能力検査を包含するKABC-Ⅱ検査を実施した結果からは、知能評価に相当する認知総合尺度標準得点は78、語彙・読み・書き・算数の基礎学力評価に相当する習得総合尺度標準得点は73であり、共に標準値（平均100、標準範囲80-120）から見て「低い」成績水準に位置する。検査成績の詳細は省略するが、尺度標準得点および下位検査評価点プロフィールはいずれも学級担任の報告を裏付ける成績であった。語彙力は一定範囲の習得が確認されたが、柔軟な思考力や読解力、書字および作文能力に著しい困難を呈していることが確認できた。算数においては物語形式で問いかける数的推論が標準範囲にあるが、計算は著しく低成績であった。

　学校の授業での留意点としては、授業において学習内容を全体的に理解する能力に制限があるため、指示―作業応答関係に陥りやすく、結果として実質的な学習に至らないことが問題であった。そこで、例えば、7＋4＋3＝□のような設問を提示して、機械的に左から順に数え足すのではなく、足して10になる部分を探し出すような思考力を引き出す課題設定を行った。国語に関連する言語の問題としては、例えば「薬」に対する説明として「飲むもの」といった反応を示すように、語彙の概念形成が不十分で一面的な捉えになりやすい傾向があることから、授業内外の指導場面を通してより深い理解を促していき、その概念形成の延長線上に読解力の向上を図ることとした。

（2）事例2 知的障害特別支援学級在籍児童

　次に就学相談を受けた知的障害の事例を取り上げる。事例2は幼稚園年長クラスに在籍する男児で、両親と本人の3人暮らしである。

　年長時に発語不明瞭と言語発達の遅れを主訴として大学教員である筆者が相談を受けた。当時は、単語から2～3文節文程度の発話が観察された。保護者の主訴にあるように聞きなれた家族であれば推測を働かせながら、発語内容を理解することは可能であるが、友達との会話では通じないことが多く、小学校入学を見据えると構音を含めた言語指導が必要とされる状況であった。

　不明瞭発話を伴う言語障害を呈している場合の分析としては、大きく言語障害

としての音韻想起の問題と発声・発語器官の運動の問題である構音障害の二つに分けて捉えることになる。幼児期の場合には書字が獲得されていないため、発語を注意深く観察して、その音の誤り傾向から両者の問題を明らかにすることになる。

指導方法としては、習得語彙の増大を図ることに加えて音韻を意識した発語指導を行った。この事例は、サ行音やラ行音で一貫して音の歪みが生じていたが、その他の音については誤りの一貫性が低く、音の前後関係によって産出の可否が異なる傾向を認めた。言語性短期記憶に制限があることも考慮しなくてはならなかった。一音節音の復唱は比較的容易であるため、絵カードを視覚提示しながら、まず語頭音を復唱させた後に単語全体を復唱させる方法をとり、できるだけ単語単位で明瞭な発語が期待できる単語を用いて発語指導した。その他には、仮名文字の習得につなげることも考えて、50音の系列的暗唱および音読を1から2行ずつ行った。指導は保護者同席の下で行い、家庭で取り組める方法を提案して実行してもらうことで指導効果を高めることができた。

地域によって医療や療育機関のあり様は異なるが、発達障害に関する専門医の診察の下、言語聴覚士による言語聴覚療法を受けることが一つの方法としてある。また、必要に応じて臨床心理士もしくは臨床発達心理士等による心理アセスメントや作業療法士による感覚統合療法を受けることがある。その他に、公立幼稚園等で「ことばの相談室」や「ことばの教室」といった名称で言語の発達相談や指導を行っている自治体もある。医療機関や療育・相談機関を併用して、専門的な指導を受けることができるが、就学後になると利用できる専門機関が限られる状況にある。事例2の場合、主たる障害として知的障害があり、就学の方向性としては公立小学校の知的障害特別支援学級を選択することになった。教育制度の問題として、原則的には複数の特別支援教育を利用することができないため、構音障害を呈する通常学級在籍児童が利用可能な言語障害通級指導教室での指導を受けることが叶わないこととなる。この事例の場合は、やや遠方ではあるが専門医療機関である総合療育センターにおいて就学後も言語指導を受けることが可能になり、実質的に望まれる言語指導の機会を得ることができた。現行の教育制度の下では、この事例のように学校教育以外の機関利用も念頭に指導機会を求めることが必要になってくる。

3. 発達臨床心理学研究からみる生活全体を見通した自立活動

(1) 多角的な子ども理解に基づく支援の重要性

　特別支援教育は、通常の学級とは異なる特別な教育課程に基づき、前節においても明らかなように子どもの教育的ニーズをアセスメント（実態把握）する「子ども理解」から始まる。リアルな姿の中でＡ先生が困っているＢさんの姿も重要な情報であるが、それは実態の一部分に過ぎない。子どもの生活機能を把握するためには、生物学的、心理学的、行動学的な各水準とそれらの相互作用を考慮し、その発達の全体像を紐解く必要がある。障害のある子どもたちを主観的な行動的水準のみで捉えようとすることはとても困難であるが、同じく生物学や心理学的な水準のみに偏った実態把握もまた困難といえる。そのため、保護者や地域の教育、医療、福祉の専門家との連携によって、一人ひとりの実態を多角的に把握し、適切な支援を提供することが必要となる。

　障害のある子どもには、Ｂさんのように睡眠に関連した問題が多く見られる。睡眠困難が気分や情動の不安定、日中の挑戦的行動傾向を増し、保護者からの支援も困難にさせるため、教員を含む支援者の「困り感」が強くなる。日中の眠気や生活リズムの乱れが「怠惰」や「勉強からの逃げ」などと評価されやすく、特に知的障害や視覚障害を伴わない場合には否定的な評価が増えやすい。そのような評価が続くと、子ども自身の精神的な健康の質が低下し、さらに睡眠困難が深刻化するという悪循環に陥る可能性がある（平野, 2023）。このような状態が長期的に続くと、二次的な心身の不調や障害を引き起こし、発達に悪影響を与えるリスクを高めるため、支援者は子どもの全体像を理解し、適切な評価と支援を提供することが求められる。

(2) 各水準の情報整理

　ここでＢさんの問題を発達臨床研究の知見と関連付けながら、情報の整理を試みる。生物学的水準においては、障害種によって、先天的な要因が睡眠や生活リズムの乱れに直接的に関連していることが指摘されている。例えば、自閉スペクトラム症のある子どもは生理心理学的な研究によって入眠や睡眠の維持に関す

る困難が起こりやすいことが示されている（平野，2022）。このような背景がある場合、子どもが適切な睡眠を確保するためには、生物学的な特性を考慮した特に時間やスケジュールに関する合理的配慮や環境整備が必要となる。

　また心理学的水準においては、知能検査の結果だけではＢさんの学力不振や人間関係の困難の明確な原因は把握されていない。知能指数は能力の一側面を示すに過ぎないが、より詳細な分析によって個人内差を明らかにし、認知発達の偏りを推測することが有効な支援につながる可能性を高める。また、そのように深掘りすることが生物学的・行動学的な実態との関連を推定する足掛かりになることが多い。加えて心理学的な視点からは、子どものストレスや不安の現状やそれに対する認知を本人が安心して語ることのできる環境を作りながら把握することも重要となる。

　そして、行動学的水準において把握可能な睡眠の困難や学習・友人関係の問題は、生物学的および心理学的要因に基づく結果として現れることが多い。しかし、子ども一人ひとりと最も長い生活時間を共有する保護者や保育者・教員による日常的な観察結果には非常に重要な情報が含まれている。また、行動上の困難が心理的問題を介して生物学的な問題を助長させることもある。

（3）自立活動

　アセスメントによって障害等の特性と日常的な困難の関係が見えてきた場合、子どもが困りごとを一人で抱え込まず、必要に応じて相談し、支援を受けながら改善できる見通しを持たせる視点が、彼らの自立にとってとても大切になる。文部科学省は「特別支援教育」を、「障害のある幼児児童生徒の自立や社会参加に向けた主体的な取組を支援するという視点に立ち、幼児児童生徒一人一人の教育的ニーズを把握し、その持てる力を高め、生活や学習上の困難を改善又は克服するため、適切な指導及び必要な支援を行うもの」と定義している。ここで言う「教育的ニーズ」とは何だろう。それは一見、困っていることや問題となっていることのように感じてしまう。しかし実際は弱さやその原因への理解も深めつつ、「その持てる力」、つまりその子自身の強み（ストレングス）やその原因についても理解を深めることでようやく明らかになるものである。自立に向けた取り組みは、支援者や子ども自身が自己を包括的に理解することから始まるのである。

学習指導要領では、「自立活動」が6区分27項目で構成されており、第1区分「健康の保持」の第1項は「生活のリズムや生活習慣の形成」である。早期に睡眠・覚醒のリズムを確立することは、学習や生活の土台を固めるという意味で、子ども自身だけでなく保護者や教員にとっても大きな課題であると言える。生活リズムは自然のリズムや社会的なリズムに影響を受けて形成され、その障害は、認知機能の低下や非定型発達と相互作用することが推定されている。

自立活動の他の5区分は「心理的な安定」「人間関係の形成」「環境の整備」「身体の動き」「コミュニケーション」である。自立活動を通じて、多面的に子ども理解を推進し、子ども自身の自己認識を深める支援をはじめることが重要であり、これらを通じて子どもの全体的な生活や社会参加の質を向上させることが期待される。

（4）生活全体を見通した支援の重要性

これまで見てきたように障害のある子どもの支援においては、その子ども自身や彼らを取り巻く環境全体を見通したアプローチが必要である。障害を背景とした非定型的な発達は、その特性と生活環境との長期的な相互作用によるものであると考えられる。自立を支援する視点では、子どもたちを個別化するだけでなく、集団生活や社会参加を前提にできるようなアセスメントを行い、支援を構成しようとする努力が求められる。このような取り組みが保育・教育現場において行われることには、子どもの発達と自立の支援の質を向上させるだけでなく、社会全体の包摂性を向上させる効果も期待される。

4. 障害児教育史研究からみる特別支援学級の成立と展開

日本において、特別支援学級は、いつ、どのような理由から誕生したのだろうか。明治時代から、「落第生学級」や「劣等生学級」などと呼ばれる特別な学級が、通常の小・中学校内に開設されていた。当時は、一定の成績を示さないと次の学年に進級できなかったため、通常の学級で要求される基準についていけない子どもたちが、特別な学級に集められることになったが、第二次世界大戦前の日本では、こうした学級はあまり拡大しなかった。

1947年に学校教育法が制定され、障害のある子どもの教育に関する規定がなされたことで、障害児・者の教育が学校教育の一環として位置づけられた。文部省は、同法において、小・中学校に「特殊学級」を置くことができる旨の規定（第75条）を整備した。あわせて、同法で盲・聾・養護学校について明示された。盲学校と聾学校への就学が義務化されたのは1948年からであり、養護学校に関しては1979年からであった。就学義務化は遅れたものの、重度の障害児の教育は、盲・聾・養護学校という「特殊教育諸学校」において、中軽度の場合は、「特殊学級」において行われることとなる。

　「特殊教育諸学校」と「特殊学級」をそれぞれ整備していくにあたり、課題となったのは、それぞれの対象となる障害の程度を明確にすることであった。1962年には、学校教育法施行令の一部が改正され、対象児の明確化がはかられ、同改正により、同法施行令第22条の2（現在は第22条の3）に、盲・聾・養護学校において教育すべき者の心身の故障の程度が定められた。

　こうして、障害の種類と程度に応じて教育の場を決定し、障害のある子ども一人ひとりに対する教育を提供する仕組みが整えられていく。この制度構築の過程は、障害のある子どもに対して、個別のニーズに対応した教育を提供しようとする側面がある一方で、障害の種類と程度という医学的な判別基準に基づいて、通常の学級から障害のある子どもを画一的に分離し、通常の学級の効率化を進めようとする側面もあった。特別な教育の場には、障害のある子どもに対する受容と排除の両義性がある（中村・荒川, 2003）。

　障害のある子どもの教育が整えられていく過程において、知的障害等の明確な障害は確認できないにもかかわらず、通常の学級での学業や行動の規準についていけない子どもへの対応が課題になっていた。こうした子どもたちは、戦前においては、「劣等児」や「低能児」など、戦後においては「知的劣等児」や「中間児」「学業遅進児」「学習困難児」など多様な名称が使用されていた（本稿では、これらの子どもの総称として「学業不振児」を用いることとする）。彼ら／彼女らの特徴は、その原因として、例えば、栄養不良や病気、知的障害とはいえないが知的発達において遅れがみられる、学校に対して反抗的、神経質、親子関係の問題、教員の教え方の問題、地域社会の雰囲気など、多様な原因が指摘され、さらにこれらが相互に関連していて、原因の特定が困難なところにあった。表面上

に現れる現象としては、知的障害児と類似しており、学業不振児と知的障害児をいかに区別するかが当時の教育関係者の関心であった。

1948年、文部省が発行した『わが国及び各国の特殊教育に関する調査』によれば、通常の学級で学業不振に陥った子どもを教育する場として、「促進学級」と「補助学級」という2種類の「特殊学級」が想定されていた。どちらも少人数編制で特別な指導を与えることは共通するが、「促進学級」は特別な指導により遅れを取り戻した者は元の学級に復帰することが原則であり、「補助学級」は卒業まで在籍するものであった。「促進学級」は学業不振児のため、「補助学級」は知的障害児のための学級として考えられていた。

戦後まもなくの「特殊学級」は、入級児を明確に分けることができず、「促進学級」的性格と「補助学級」的性格の両方が入り混じったかたちで始まったと言われているが、次第に、知的障害児を主たる対象とする「補助学級」的性格が強まっていき、「特殊学級」＝「補助学級」として展開していくことになる。「促進学級」としての「特殊学級」は制度化されることはなかった。それでは、学業不振児はどこで教育を受けていたのだろうか。

1971年6月、衝撃的な調査結果が公表された。それは、小・中学校の教員に、「どのくらいの子どもが一応授業内容を理解しているか」を尋ねるものであり、その結果、約2分の1と答えた者が、小学校教員で49％、中学校教員で50％であった。通常の学級に在籍する半数近くの子どもたちが、（教員の推測ではあるが）学業不振に陥っていたのである。この結果はマスメディアで大きく取り上げられ、「落ちこぼれ」が社会全体の深刻な関心事となった。

同じ時期、全国の知的障害児を対象とした「特殊学級」では、在籍児童生徒の高IQ化が問題となっていた。例えば、1967年の調査では、公立小・中学校の知的障害児のための「特殊学級」に在籍する児童生徒のうち、35.4％がIQ76以上であった。すなわち、IQの値だけで見た場合ではあるが、知的障害ではない子どもが、知的障害児のための「特殊学級」に在籍していたということになる。この背景については、様々な点から議論されていたが、その一つとして、通常の学級の排除性が指摘されていた。能力主義的な教育観による過度な競争を通じて、「できる子」と「できない子」が創り出され、「できない子」を排除する場として「特殊学級」があるという批判である。

学業不振児のための「促進学級」は制度化されなかったことはすでにみたが、この時期、「促進学級」が必要ではないかという議論が起きる。1学級40人から50人という当時の通常の学級では個々に応じた指導はできないため、「促進学級」を設置すべきであるといった声があった。また、養護学校の義務化が達成されていない時期において、知的障害児のための「特殊学級」に知的障害ではない子どもが混じっていることは、知的障害教育の方法を開発する上で「危機」になることから、「促進学級」を設置すべきという主張もあった。一方で、こうした議論の仕方に対して、「子どもを忘れたおとなたちの教育領域にこだわる責任転嫁の論議のように思えて仕方なかった」と批判する者もいた。そうした批判者にとって、「特殊教育の真髄は、分類収容にあるのではなく、個性の要請に応ずる教育が浸透すること」にあった（吉井，2019）。

　以上みてきたように、戦後の日本では、障害のある子どもの教育について、障害の種類と程度に応じた場を整備することで対応してきたが、その制度の狭間に位置づく子どもは常に存在していた。現代においても、障害のある・なしにかかわらず、一人ひとりの子どもの示す状態像は多様であるため、子ども自身とその環境の全体像を把握し、柔軟な支援を考えていくことが求められているといえる。

5. 特別支援ニーズに対する児童教育学的アプローチ

　特別支援学級だけでなく特別支援学校などの、通常の学級から分離された場については、国連・障害者権利条約に基づき設置された障害者権利委員会から、「分離した特別支援教育」に対する懸念が示された。たしかに分離された場は歴史的にみても、通常の学級の規律維持のために用いられるなど否定的な側面はある。一方で、本章でみてきたように、一人ひとりの子どもの身体的・知的な面だけでなく、生活面・環境面も含めて、子どもを丸ごと理解しようとする実践が特別な場では行われている。そのため、分離された場が価値を持つか否かはその場での実践の質次第であり、例えば、子どもが社会の中で自立していくための長期的な取組みを展望できるかなど、教員の専門性がかかわってくるだろう。

　さらに、特別支援学級のような特別な場で行われている実践や子どもを理解する視点は、通常の学級における実践や子ども理解の視点にも応用できる。子ども

の多様性を踏まえて、保育所や学校における実践を振り返ることで、当たり前と思っていたことが、実は当たり前ではないことに気づき、少しずつ保育所や学校のあり方を変えていくことができる。そうした変化は、特定の子どもたちの学びやすさや過ごしやすさに良い影響を与えるだけでなく、そこで生活するすべての子どもたちにとって良い影響を与える。

　さて、A先生の感じた問題意識は、日々の教育活動の中でどの教員も持ち得る困り感であるといえる。表出する言動が、教員になった「私」の子どもの頃とは大きく異なるようにみえるBさんを理解することは、一朝一夕にうまくはいかないかもしれない。そうであるからこそ、現場で多くの子どもたちと接する機会を大切にしながら、障害、発達、家族などについて学び続け、さまざまな立場や専門性を持った人たちと協働しながら課題解決を図ろうとすることのできる人材が求められている。

　一人ひとりの学びのありようが異なることに気づき、その差異を前提として、できることから保育所・学校を変えていくことは、インクルーシブな保育や教育を実現する重要な一歩となる。

　付記
　本章の1と5は吉井が原案を執筆し、共同で加筆・修正を行った。2は伊澤が、3は平野が、4は吉井が単独で執筆した。

文献
平野晋吾「発達障害者の生活リズムのアセスメントと支援」，田中秀樹・岩城達也・白川修一郎（監）『快眠研究と製品開発、社会実装』，株式会社エヌ・ティー・エス，2022
平野晋吾「発達障害児の睡眠の理解と支援」，日本睡眠環境学会（監）『睡眠環境学入門』全日本病院出版会，2023，pp.167-172
中村満紀男・荒川智（編）『障害児教育の歴史』明石書店，2003
吉井涼「学業不振問題の潜在化と浮上と非制度化」，中村満紀男（編）『日本障害児教育史【戦後編】』明石書店，2019，pp.687-700

第7章

データサイエンスと子どもの学び
―統計教育やプログラミングの意義―

太田直樹・西村多久磨・山中真悟

「ねぇねぇお母さんお父さん。今度のお休みに本屋さんに連れてって」普段は、宿題をするのにも時間がかかり、家で読書をしている姿を見ないA子が、急にこんなことを言い出した。「明日は、雪でも降るのかしら…」お母さんが不思議に思って理由を聞くと、小学校で利用しているタブレットの画面に、こんな見出しのニュースがあったと教えてくれた。

『家庭に本が多くあるほど、学力が高くなる!?』

お母さんも、ニュースを確認しようとスマホで検索すると、○○省が調査したデータをもとにニュースが書かれていた。A子の言うことは本当だった。ただ、ニュースに書かれていたのは、学力調査と同時に実施した家庭環境のデータをクロス集計した結果で、家庭の蔵書数と学力との因果関係を考察したものではなかった。しかし、ニュースだけを確認したお母さんは、「良いわよ。じゃあ、今度の土曜日に一緒に本屋さんに行って、いっぱい本を買いましょう」「やった〜！」ととても嬉しそうなA子。ただ、一方で首を傾げるお父さん。

週末の土曜日には、持ちきれないくらいほどたくさんの本を抱えて帰ってきた。「これでテストで100点とれるかな。」

さて、本屋さんでたくさんの本を買ってもらってから数か月、A子のテストの点は、どれくらい上がったのだろうか…。はたして、家庭の蔵書数が増えると本当に学力はあがるのでしょうか。または、学力が高い子ほど、蔵書数が多いのでしょうか。それとも、蔵書数や学力に関連する他の要因があるのでしょうか。

1. 社会におけるデータサイエンスの必要性

（1）日常生活とデータの関係

　前述のエピソードは、家庭の蔵書数が学力に与える影響に関するデータを元にしたニュースを受けて、A子たちがどのように行動したかを描いたものである。小学生のA子は、ニュースのタイトルを鵜呑みにしており、お母さんも中央官庁が実施しているデータであることから、その結果や考察について批判的思考を働かせられていない。これらの姿はフィクションであるが、実際に起こりえないと言い切れるだろうか。文科省（2021）が実施した令和3年度全国学力・学習状況調査では、家庭の蔵書数が多い児童生徒ほど、教科の平均正答率が高い傾向が示されている。しかしながら、家庭の蔵書数を増やせば、学力が上がるといったことは考えづらい。この結果は、「学力の高い児童生徒は、蔵書数が多い」といった逆の関係や、蔵書数と関係する各家庭の経済力によって偽相関が示されたものではないかと考えられる。首を傾げていたお父さんはこの可能性に気づいていたのかもしれない。

　このような例に留まらず、近年、情報通信技術や人工知能（AI）などの科学技術の急速な発展に伴って、私たちの日常生活やビジネス、社会活動のあらゆる状況でデータが生成・活用されている。しかし、データの偏りや収集方法によるバイアスが生じたり、誤った解釈がなされたりする可能性もある。そのため、データサイエンスの素養を持つことは、現代社会で求められる重要なスキルの一つとなっている。そこで本章では、数理・データサイエンスの基礎となる統計教育やプログラミング教育の素養を育む必要性について提案する。

（2）近年の社会とデータサイエンスの現状

　データサイエンスとは、大規模なデータセットから問題解決に必要な知見を抽出し、情報に基づいた意思決定を導く学問分野である。統計学や情報工学、プログラミングなどを学ぶ必要があり、データサイエンス教育では幅広い分野を扱っている。その中でも、統計教育はデータサイエンス教育の要である。

　統計教育は、小学校から始まり高等数学でも行われているが、その学習内容は

得られたデータの特徴を平均値や分散などの代表値を使って把握しようとする記述統計が主である。一方、大学の中で行われる統計教育は、その一歩先をいき推測統計を学ぶ。想定する母集団（例：日本の小学生）の特徴を一部のデータから推測するのである。なぜ大学で改めて統計を学ぶのかについて学生に質問してみると、「数値的根拠を持って主張することができる」という答えが返ってくることが多い。しかし、それは十分な正解とは言い難く、発見した結果をどこまで一般化できるのか、すなわちこのデータに限られた結果ではないことを数値的根拠に基づいて判断できることが推測統計の本質なのである。

データサイエンス教育が社会の中で求められてきた背景には、意思決定においてエビデンスベースドといった客観的証拠が重視されてきている風潮と無関係ではないだろう。エビデンスベースドという言葉の発祥地は、医療現場である。この医療現場ではエビデンスによる意思決定は欠かすことができないし、そうでないと相手が納得できる説明ができない。近年、教育現場でもエビデンスベースドエデュケーション（根拠に基づく教育実践）という言葉が聞かれるようになってきたが、これもエビデンスに基づく説明責任を果たすことが求められるようになってきたからである。統計に限った話ではないが、一定の手続きを経てエビデンスを主張し、教育現場に良い結果をもたらしていく。これこそが教育現場において求められているデータサイエンスなのである。

また、小学校や中学校、高等学校などの教育現場においても、児童生徒向けの1人1台のPC端末や高速大容量の通信ネットワークを整備するGIGAスクール構想の実現がなされている（文部科学省，2023）。さらに、大学などの高等教育では、2021年度より「数理・データサイエンス・AI教育プログラム認定制度」が開始され、データサイエンスへの関心を高め、適切に理解し活用する基礎的な能力を育成することを目的として、学部を問わず全国の大学において体系的な教育を実施することが推進されている（文部科学省，2021）。

以上のように、現在の社会では、多様なデータが溢れており、データの偏りや解釈の誤りに注意しながら、学力向上や社会課題の解決にデータを活用する能力を身につける必要がある。それは、子どもたちだけでなく、保育者や教員も同様である。データに基づく意思決定やエビデンスに基づく教育を推進するため、データサイエンスと子どもの学びについて検討していく必要があろう。

2. データサイエンスと統計教育

前節で述べたように、データサイエンスは、データを扱う学問領域である特性上、統計教育が基礎となる。本節では、まず近年の統計教育の現状と課題について述べ、さらに大学教育における統計教育の要点について述べる。そして、次節では、小学校教育から必修化されたプログラミング教育の現状と課題について言及する。

図7-1　データサイエンスと関連領域

（1）算数・数学科における統計教育
1）近年の統計教育の拡充

前節で述べた社会的背景の以前から、算数・数学科において統計教育は、その必要性が強く提唱され（武田, 1995：日本数学教育学会, 2014）、近年は教育内容が拡充されてきている。ゆとりの中で「生きる力」を育む方針であった1998年から2017年告示までの学習指導要領の統計教育の学習内容の変遷をまとめると表7-1のようになる。（ただし、高等学校は、1999年と2018年の告示である）

表7-1　統計教育の学習内容の変遷

	1998年（高校：1999年）	2017年（高校：2018年）
小学校	平均値 棒グラフ、折れ線グラフ 割合グラフ（円・帯）	平均値、最頻値、中央値 棒グラフ、折れ線グラフ 割合グラフ（円・帯）、ヒストグラム
中学校	該当なし	度数・度数分布表 全数調査・標本 ヒストグラム、箱ひげ図
高校	すべて選択の内容 標本調査、確率分布、統計処理	分散・標準偏差 相関係数、四分位範囲、散布図

表7-1のように、統計教育の教育内容として、最頻値や中央値などの多様な代表値が扱われ、データの散らばりを表すヒストグラムや箱ひげ図、分散・標準偏差が扱われるようになった。これらは、より多様な統計的手法によって、データの特徴を数値化したり、グラフ表現したりすることの重要性が再確認されたものと推測できる。また、近年の統計教育では、統計量の算出やグラフの読み取り作成などの基本的な統計的手法の理解だけではなく、統計的問題解決プロセスを実践的に扱うことや、それらを通して統計的思考力を育成することも重視されるようになってきた。中央教育審議会（2016）は、各学校種の学習指導要領に向けた審議のまとめの中で、統計教育に関する思考力・判断力・表現力を以下の3つにまとめている。

・不確定な事象について統計的な手法を適切に選択し分析する力
・データに基づいて合理的に判断し、統計的な表現を用いて説明する力
・統計的な表現を批判的に解釈する力

このように、統計的思考力は、子どもたち自身が適切な統計的手法を選択して分析を行い、データから導けることを合理的・論理的に判断・表現し、さらにそれらを批判的に解釈することだと考えられる。

2）求められる統計的思考力

統計教育では、統計量の算出や統計グラフの表現だけではなく、それらを用いて適切に考察したり、批判的に判断したりすることが重要である。本項では、「①統計的な問題解決」「②統計に関わる批判的思考」「③グラフを適切に選択する判断力」の3つの統計的思考力を例示する。

まず、①統計的な問題解決とは、「問題・計画・データ・分析・結論」のプロセスを通して行われ、本来は統計教育だけでなく、社会における必須の思考過程となっている。以前の統計教育では、主に「データ」と「分析」に焦点があてられていたが、現在はこのプロセス自体も学習内容であり、実際に問題を把握・設定した上で、どのようなデータを収集するかを検討する学習が求められている。例えば、問題の段階では、考えられる問題の背景や調査目的を明確にするために、子どもたちが討議することが大切である。問題が明確でない場合には、その

後のデータ収集の種類や方法に影響し、データの偏りが生じたり誤った分析をしたりする可能性があるためである。また、最後の結論の段階では、得られたデータの特徴から、問題解決の解を導くこととなる。しかし、得られた結論から、なぜそのような結論となったのかといった新たな課題が生じることも少なくない。その場合には、新たな問題解決のプロセスが進むことも良い学びとなる。ただし、数回のプロセスを経ることは、授業時間数が足りないことが懸念される。また、指導計画を立てる際には、当該学年で学ぶ基礎的な統計手法を指導計画のどの段階に位置づけるのかといった検討事項がある。

次に、②統計に関わる批判的思考については、松元（2018）は、「他者や自分が行った統計に関わる問題解決（問題・計画・データ・分析・結論）に対して、多面的・客観的・論理的に考察する態度を働かせながら、解釈したり振り返ったりすること」としている。そして、前述の統計的な問題解決の５つの段階について、批判的思考の働きを具体的に示した枠組みを提起している。塩澤ら（2020）は、松本（2018）の提案する統計的問題解決の相の「分析段階」と「結論段階」に焦点を当てて、小学校５年生から高校２年生を対象とした学年横断的な実態調査を実施している。それらの調査課題には、「棒グラフや折れ線グラフの軸の省略」や「実数と割合との関連」などが出題されている。その結果、統計に関わる批判的思考は、学年進行に応じて高まるが、小中学校段階では、軸の省略を批判的に考察することや、高校生段階でも実数と割合の関係を関連付けて考察することに課題があることが示されている。

最後に、③グラフを適切に選択する判断力については、2017年度全国学力・学習状況調査算数Ｂにおいて、割合を比較する目的に合うグラフを選択する問題が出題されている。その結果、４択の出題形式に関わらず正答率が29.4％であった。また、藤原ら（2015）は、中学校第１学年から高等学校第２学年の生徒を対象に、データの種類が量的か質的かに応じて表現可能なグラフを選択する問題を出題し、いずれの学年も正答率が40％前後であることを示している。

以上のように、データサイエンスの素養となる統計教育は、教育内容が多様になり、統計的な問題解決のプロセスを通して批判的思考や適切なグラフを判断するなどの統計的思考力が求められ、質と量ともに拡充されてきている。

（2）大学教育におけるデータサイエンス教育：教育学部の実例

　教育学部は、一般的に文系だと捉えられている。それゆえに、本書にデータサイエンス教育という言葉が登場することに、なんとなく違和感を覚える読者は少なくないだろう。しかしながら、近年では、文系・理系を問わずデータサイエンス教育は必要とされているのである。そこで本項では、①まずデータサイエンス教育に関わる福山市立大学の実態について述べ、②今後の教育学部におけるデータサイエンス教育の展望について紹介する。本項の目的は、本学の実態を踏まえた上で、教育学部（児童教育学）の学生でもデータサイエンス教育が必要とされる背景を読者が少しでも納得できるようにすることである。

1）データサイエンス教育に関わる本学の実態

　それでは、データサイエンス教育に関わる本学の実態について紹介しよう。表7-2は、本学教育学部の学生が、どのような研究上の手続きを経て卒業論文を書いているかどうかを整理したものである。2018年度から2022年度に提出された卒業論文が集計の対象となった。手続きに関しては、まず①データを取得したかどうか、②データを取得したならば、統計手法を用いて解析しているか、③統計手法を用いた解析をしたならば記述統計で留まっているか、それとも推測統計で最終的な結論を導いたか、三つの分岐点を設け、それらの分岐点に沿う形で、文献研究、質的研究、記述統計による研究、推測統計による研究の4種類に分類した。表7-2で示すように、推測統計を用いている卒業論文は、全体の2割から3割程度であることがわかる。

表7-2　福山市立大学教育学部の卒業論文で用いられていた研究手法

	研究の種類	2018年度	2019年度	2020年度	2021年度	2022年度
①	推測統計による研究	27（24.5%）	28（25.2%）	38（32.8%）	33（29.2%）	33（30.3%）
②	記述統計による研究	46（41.8%）	45（40.5%）	39（33.6%）	39（34.5%）	42（38.5%）
③	質的分析による研究	13（11.8%）	8（7.2%）	11（9.5%）	7（6.2%）	5（4.6%）
④	文献調査による研究	24（21.8%）	30（27.0%）	28（24.1%）	34（30.1%）	29（26.6%）

注1）2つ以上の研究手法にカウントされている論文ある。総数が在籍学生数を超えているのはそのためである。
注2）主要な結果をどの研究手法によって主張しているかを踏まえて集計・整理した。そのため、②、③、④の研究でも文献調査をしていることには留意されたい。

第7章　データサイエンスと子どもの学び—統計教育やプログラミングの意義—　89

　それでは、卒業論文において推測統計を用いた学生は統計をきちんと学んでいるのだろうか。結論から言えば、No である。推測統計を学ぶことができる「教育統計」という授業がある。しかしながら、この授業の履修者は、教育学部の1割に満たない。どう考えても、卒業論文で推測統計を活用している学生の割合とは乖離がある。少なくとも、教育統計という授業で推測統計を学んでいなくても、独学もしくは卒業論文の指導教員を介して学び、推測統計を卒業論文に取り入れている学生がいるということである。

2）今後の教育学部におけるデータサイエンス教育の展望

　データサイエンス教育は必要かと問われればその答えは Yes である。ただし、少なくとも統計（推測統計）に関しては、ある程度、独学で学べることも事実である。そして、ユーザーフレンドリーな統計ソフトの存在が、統計の授業を受けなくても、分析だけはできてしまう学生の増加に拍車をかけている。

　しかし、このような事態は危険である。このことを車の運転免許に例えて説明しよう。一般的に、運転免許を取得する場合は、教習所に通い、筆記試験と実技試験に合格すれば良い。前者に対応するのが、統計に関する知識と素養であり、後者が統計ソフトによる実際の計算である。であるならば、本学の学生は、筆記試験にパスしていないにも関わらず運転をしているドライバーなのだ。交通事故のような悲惨な事態は統計では起こらないように思うかもしれないが、推測統計は、推測であるがゆえに誤った結論を導いてしまう可能性が少なからずある。その誤った結論が教育現場に普及してしまうことも十分にあり得るのだ。統計の基礎的知識を学ばない学生にその責任は取れるのだろうか。

　統計ソフトから統計を学び、利用価値（統計分析ができて、活用できるという認識を持つこと）を高めてから基礎的素養を学ぶこと自体は否定しない。しかしながら、統計ソフトを活用して実際に分析ができるようになったからこそ、その背景にある統計の基礎についてもぜひ学んでほしい。この点について教訓となり得る例をいくつか紹介しよう。

　例えば、回帰分析を用いると、変数 X と変数 Y には因果関係があると言いたくなってしまう。ただし、もし読者がミルの三原則を知っていれば、そのような結論は言えないことに気づくはずだ。ミルの三原則とは因果関係の成立条件を提示したものであり、①原因 X は結果 Y よりも時間的に先行すること、②原因 X

と結果Yが相関関係を持つこと、③結果Yに関わる原因X以外の原因が排除されていること、を満たすことによって、はじめて変数Xと変数Yの因果関係に言及することができるのである（天野, 2018）。また、保育や教育の場において、子どもたちの発達や学習に関するデータに平均値や標準偏差が頻繁に用いられているが、次のようなことに気をつけたことはあるだろうか。例えば、保育者は、健康診断などで幼児期の子どもの身長や体重をチェックする機会がある。その時、平均値や標準偏差について知っていると、おおよそどの程度の発達の遅れや進歩が見られているかを理解することができる。この場合の平均値はあくまで標準的な成長の程度を表す指標に過ぎないが、平均値を少し下回っていただけで、すぐにそれを「成長の遅れ」と解釈してはいけない。標準偏差を用いた標準的な成長の範囲をふまえた上で、値の実質的意味を踏まえて解釈する必要がある。他にも、小学校の教員にとっては、教科のテストで平均値の差異だけで学力向上を捉えてはならない。例えば、テストの平均点が上昇したり、他クラスと平均値を比較したりしても、平均値だけで意味のある差異があるかは判断できない。実際には、学習への課題を抱えている子どもが外れ値として含まれている可能性もある。また、標準偏差が大きく、理解している子どもと理解していない子どもに大きな学力差が生じている可能性があるし、平均値が上昇したからといって、全員の得点が上昇したわけではないことに留意すべきである。以上、「統計を扱えることと統計による結果を解釈できること」は別次元の話だということがおわかりいただけただろうか。

　統計教育の充実なくしてデータサイエンス教育の充実などはあり得ない。そして、これからも統計技法（統計ソフト）が発展していくことは間違いないし、統計のhow toを積極的に学ぶ学生は増えるはずである。ただし、その傾向がどんなに進んでいったとしても、統計教育において「統計に係る基本的な考え方」を教授することの価値は、不変であろう。そして、それを学ぶことこそが、統計を活用する学生が優良ユーザーになるための責務なのである。

3. 保育・学校教育におけるプログラミング教育

(1) プログラミング教育・STEAM教育が求められる背景

2017（平成29）年告示の小学校学習指導要領では、各教科等におけるプログラミング教育が必修化された。プログラミングとは、コンピュータに命令（プログラム）を与えることによって、自分が求める動作をさせることである（文部科学省，2020）。本章のテーマであるデータサイエンスについても、収集した膨大なデータをコンピュータで効果的に解析するには、そのための適切なプログラムをつくっておく必要がある。

また、近年では、STEAM教育という言葉もよく聞かれるようになっている。STEAMとはScience（科学）、Technology（技術）、Engineering（工学）、ArtまたはArts（芸術または教養）、Mathematics（算数・数学）の頭文字を組み合わせた言葉で、これらの分野を横断的に扱う教育である。科学技術やデジタル技術が生活から産業まで幅広く浸透した現代では、AIやスマートフォン、自動運転等、先端技術が社会の在り方を大きく変えうることが認識され、科学や数学等の知識、アナログとデジタル双方の技術、創造的思考や論理的思考といった資質・能力を活用して、イノベーションを起こす人材が求められるようになってきている。このような潮流の中、幼児教育や小学校教育におけるプログラミング教育やSTEAM教育は、個人のリテラシーの観点からも、社会の人材育成ビジョンとしても、一層注目を集めていくことになるであろう。

(2) プログラミング的思考とは

プログラミングと聞くと、難解なプログラミング言語を理解し、使いこなさなくてはいけないというイメージがあるかもしれない。しかし、幼児教育や初等教育においては、専門的な知識や技術よりも、問題解決に必要な「思考力等の育成」に主眼が置かれている。この思考力を文部科学省（2020）は「プログラミング的思考」と呼んでおり、『自分が意図する一連の活動を実現するために、どのような動きの組み合わせが必要であり、一つ一つの動きに対応した記号を、どのように組み合わせたらいいのか、記号の組み合せをどのように改善していけ

ば、より意図した活動に近づくのか、といったことを論理的に考えていく力』と定義している。この定義からはいくつか具体的なヒントが得られよう。

まず、「一連の活動」と「組み合わせ」の部分である。例えば私たちが行う「歩く」という活動であっても、「右足を出す」「左足を出す」という動きの組み合わせでできており、それらを繰り返すことで成立している。このように物事を要素に分解して捉えたり、反対にそれらを組み合わせたりする活動は、物事の順序や因果関係を捉える論理的思考の育成や、要素の組み合わせで問題を解決しようとする創造的な思考の育成に寄与するであろう。

次に「改善」の部分である。実際にプログラミング教材を扱ってみると、意図した通りに動作しないことも多い。機械は良くも悪くも「素直」であり、人間の意図はまったく汲み取らず、ただただ命令を忠実に再現するからである。しかしながら、子ども達にとってこれは失敗ではなく、むしろ自分の考えを振り返る絶好の機会となる。プログラミング教材は、たとえうまく動作しなくても、どこを改善すれば良いのか考え、すぐさま次の試行を行うことができる。この特徴はしばしば「トライ＆エラー」という言葉で表現される。プログラミング教育に取り組むことで、上記の論理的・創造的な思考力のみならず、失敗をおそれず粘り強く挑戦を続ける人間性の涵養を目指すこともできるであろう。

（3）プログラミング教育の方法

プログラミング教育は様々な発達段階や教科・領域で取り扱われる。例えば幼児期や小学校低学年では、コンピュータ等を使わずにプログラミング的思考を身につけることを意図した教材（アンプラグド教材と呼ばれる）が提案されている。「てをたたく」「はねる」等の指示が書かれたカードを並べ、その内容や順番に従って体を動かすというものである。

小学校教育では、プログラミングは様々な教科で行うこととされている。例えば算数では、直線の作図と角度変化の命令を組み合わせて、正多角形を作図させるような取り組みが提案されている。また理科では、人感センサーやLEDをプログラミングによって制御し、電気の有効利用と関連付けた活動が例示されている。プログラミング教材は今後も新しいものが提案されていくと考えられるため、その都度、教材の特徴を捉えた教育実践を考案していく必要がある。

(4) プログラミング教育普及に向けた手立て

　プログラミング教材の中には、ICT 端末があれば無料で利用できるものも多い。一方でアンプラグド教材や、外部のセンサー等と接続して用いるブロック教材などの場合、整備のために決して少なくない費用が必要となるため、普及には課題がある。山中（2021）は、プログラミング教育の普及のために大学が行うべき支援の手がかりを得るため、地域理科プログラミング教育への支援とアンケート調査を行い、いくつかの知見を導出している。

　得られた知見の1つ目は、教材の数量確保に関するものである。上記の試験的な取り組みでは地域小学校へプログラミング教材の貸し出しを行っており、それ自体は貴重な機会として肯定的に認識された。一方、児童一人一人がじっくりと試行錯誤ができるよう、可能であれば1、2人に1セット程度の教材があることが望ましいとの回答も得られた。すべての学校が独自に多量のプログラミング教材を整備することは現実的ではないため、地域の大学や教育委員会、科学館等が必要な数量を整備し、適宜支援を行うことが重要であると考えられる。

　2つ目は、教員のプログラミング教材への習熟に関するものである。プログラミング教育は 2020 年度より必修化されたばかりであり、機器の操作など、授業で用いることに不安を感じている等の回答も得られた。先に示したプログラミング教育の手引では、「教師一人一人がプログラミング教育のねらいを理解し、授業イメージを持つこと」「教師が自らプログラミングを体験すること」が重要であると指摘されている。子どもを対象とした様々なプログラミング教材が普及している現在、プログラミングはそれほど難しいものではなく、アイデアと用い方次第で保育・教育活動の幅を大きく広げてくれるものになり得る。そのためにも保育者や教師は苦手意識を持つことなく、まずは気軽にプログラミングに触れてみることが重要であろう。同時に、大学等にとっては学生や現職教員向けにその機会を提供することが責務になると考えられる。

　本節では、プログラミング的思考の育成の観点から述べたが、プログラミングを含むものづくりや、データサイエンスを駆使したイノベーションは、資源に乏しく、食料自給率も低く、少子高齢化が進行する我が国にとって、貴重な活路であると考えている。子どもたちの未来の可能性を拓く一助として、積極的に挑戦してもらえることを願う。

4. データサイエンスを育むことへの展望

　本章では、データサイエンスの基礎となる統計教育やプログラミング教育について、子どもたちや教育学部の学生に焦点をあて、それらの素養を育む必要性を提案してきた。子どもたちには、統計的な問題解決のプロセスを通して、統計的な批判的思考や適切なグラフを選択する判断力などの統計的思考力を育むことが大切である。多様な情報が飛び交う社会の中では、子どもたちがデータを適切に理解し、批判的に考える能力を身につけることで、現代社会での問題解決や意思決定に活かしていくことができるであろう。さらに、子どもたちに育む統計的思考を教育学部の学生自身が育んでいくことを前提として、それらに関する子どもの数理認識を考える態度が、教育学部の学生には求められる。また、プログラミング的思考を育み、ものづくりのための人材育成に活かされることも提起してきた。プログラミング的思考は、論理的思考や問題解決能力を養うだけでなく、創造性や発想力も促進する。このように、統計やプログラミング的思考を学ぶことで、様々な保育・教育課題を科学的な視点で問題解決をしていくこととなり、効果的な保育・教育の改善に役立てられ、子どもたちが自らの可能性を広げ、より良い保育・教育活動に繋げていくことが可能となろう。そのためには、教育学部の教育課程において、統計を学修する授業を必修化することが必要だと考えられる。我が国では、2017（平成29）年以降、データサイエンスを重点的に学修する学部や学科が、多くの大学で新設されている。こういった社会背景の中で、教育学部において、教育統計を必修化することは、先見の明となるであろう。

　「一億総教育評論家」といった言説を見聞きする。より良い保育・教育とは何か、教育原理や教育哲学の理論を土台にした上で、データサイエンスの素養に基づいて判断できるような保育者・教育者を育むことが、我が国の豊かな社会の発展に求められるのではないだろうか。

付記

　本章の1と2は、太田および西村が共同で、3は山中、4は太田が原案を執筆した。そして、全体の加筆・修正を共同で行った。

第7章　データサイエンスと子どもの学び―統計教育やプログラミングの意義―　95

文献

天野成昭「心理実験のキーポイント」『日本音響学会誌』，74（12），2018，pp.641-648

中央教育審議会「算数・数学ワーキンググループにおける審議の取りまとめ」(https://www.mext.go.jp/b_menu/shingi/chukyo/chukyo3/073/sonota/1376993.htm)（2024年6月9日閲覧）

藤原大樹・松元新一郎・川上　貴・細矢和博・塩澤友樹「中等教育段階における生徒の統計的趣向力の現状と課題―PPDACサイクルにおける「計画」の相に焦点をあてて―」『日本数学教育学会誌』，97（7），2015，pp.1-12

国立教育政策研究所『令和3年度全国学力・学習状況調査報告書（小学校算数）』，2021，pp.52-67

国立教育政策研究所『平成29年度全国学力・学習状況調査報告書（小学校算数）』，2017，pp.84-90

松元新一郎「統計教育における批判的思考を促す働きかけ」『日本科学教育学会年会論文集』，42，2018，pp.147-150

文部科学省『小学校学習指導要領（平成10年告示）解説　算数編』東洋館出版社，1998

文部科学省『小学校学習指導要領（平成29年告示）解説　算数編』日本文教出版，2017

文部科学省『小学校プログラミング教育の手引（第三版）』，2020

文部科学省『数理・データサイエンス・ＡＩ教育プログラム認定制度』，2021 (https://www.mext.go.jp/a_menu/koutou/suuri_datascience_ai/00001.htm)（2024年6月9日閲覧）

文部科学省『令和4年度学校における教育の情報化の実態等に関する調査結果』，2023

松嵜昭雄・金本良通・大根田裕・青山和裕「新教育課程編成に向けた系統的な統計指導の提言」『日本数学教育学会誌』，96（1），2014，pp.2-11

塩澤友樹ら（他7名）「初等中等教育段階における児童・生徒の統計に関わる批判的思考の学年横断的な調査研究」『日本数学教育学会誌』，102（9），2020，pp.4-16

武田和昭「企業から見た数学教育の重要度」『日本数学教育学会高専部会研究論文誌』，2（1），1995，pp.81-94

山中真悟「小学校理科プログラミング学習への支援の在り方に関する事例的研究」『日本科学教育学会研究会研究報告』，35（7），2021，pp.39-42

第8章

子どもの権利を考える

高橋実・大庭三枝・野口啓示

2023年に施行されたこども基本法では、積極的な子どもの意見表明権の保障をうたっています。私たち大人は子どもの声に耳を傾けることができているのでしょうか。コロナ禍に行われたアンケートから、子どもが「親・家族に」また「学校・先生に」そして「国・政治家に」対して感じている意見をいくつか紹介したいと思います。

【大人たちに望むこと】

〈親・家族に〉・「おはなしをきいてといったときにかならずきいてほしい（小1）」・「自分がやりたいようにやらせてほしい。強制しないでほしい（小6）」・「一緒に遊んで欲しい（小1）」

〈学校・先生に〉・「話をきちんと聞いて欲しい。先生が忙しそう（小4）」・「怒鳴らないでほしい（小4）」・「みんな違うことを思ってるとわかってほしい。一人一人の気持ちを尊重してほしい（中1）」・「給食の時におしゃべりしていいよって言ってほしい（小4）」

〈国・政治家に〉・「子供達の意見を政治に取り入れて欲しい（小4）」・「子供の死因1位が自殺のこの世界を子供も生きやすい国にして欲しい（小5）」

〈周囲の人に〉・「気持ちを理解してもらいたい（小5）」

国立成育医療研究センター、コロナ×こどもアンケート第7回調査報告書（2022年3月）より抜粋（転載許可取得2024年5月10日）

1. 子どもの権利条約策定までの経緯

（1）日本国憲法、教育基本法、学校教育法、児童福祉法の制定

　1946年11月3日に国民主権、平和主義、基本的人権の尊重という、世界の人権思想を反映させた「日本国憲法」が公布され、1947年5月3日に施行された。日本国憲法の三原則は、第2次世界大戦という究極の人権侵害の反省のもとにつくられた人権思想に基づくものであることを忘れてはならない。

　そして、「われらは、さきに、日本国憲法を確定し、民主的で文化的な国家を建設して、世界の平和と人類の福祉に貢献しようとする決意を示した。この理想の実現は、根本において教育の力にまつべきものである。」と前文に示した、教育基本法が制定され、同時に小学校・中学校・高等学校・大学の「六・三・三・四制」を定めた学校教育法が、1947（昭和22）年3月31日に公布された。

　さらに、困窮する子どもの保護、救済、そして次代を担う子どもの健全な育成を図るため、児童福祉法[1]が1947（昭和22）年12月12日に公布された。戦禍によって破壊された国を復興させ、民主的で平和な国をつくるためには、子どもに未来を託すしかないとの考えにより、日本国憲法公布の翌年にこれらの法律がいち早く制定され、公布されたのである。

（2）国際連合による人権宣言・条約の策定と日本の動向

　第2次世界大戦の反省のもとで国際連合において1948年に採択された「世界人権宣言」は、すべての人が生まれながらに基本的人権をもっていることを、初めて公式に認めた宣言である。「世界人権宣言」自体は法的な効力をもたないものであったが、すべての国民が基本的人権を有するとした日本国憲法は、世界の人権宣言に先駆けて制定された最高法規であり、すべての国民に基本的人権を保障したところに大きな意義があると言える。

　その後、日本では、児童の基本的人権を尊重し、その幸福をはかるために大人の守るべき事項を自主的に制定した道徳的規範である「児童憲章」を1951（昭和26）年5月5日に国会採択した。そこには「権利」という言葉は使われていないが、戦前の子ども観を廃して、新しい子ども観と子どもの権利を、世界に先

駆けて内外に宣言したところに意義がある。

　1959年には、国連総会において「児童の権利に関する宣言」が採択され、子どもの権利が国際的文書として明文化された。その後、国連では、基本的な人権を守り、宣言が目指す社会を実現していくために、国際的な法律である条約を整えてきた。具体的には、1965年には「人種差別撤廃条約」、1966年には、「世界人権規約」、1979年には「女子差別撤廃条約」を採択した。我が国においては、1979年に世界人権規約に、1995年に人種差別撤廃条約に、1985年に女子差別撤廃条約に批准してきた。条約に批准するということは、その条約を守ることを国際的に約束することであり、条約の内容は、日本国憲法と法律の間に位置づくとされ、法律よりも上位の効力をもつとされている。

（3）子どもの権利条約批准までの経緯

　子どもの権利条約は、世界で最初に子どもの権利を主張したポーランドの小児科医・作家・教育者であったヤヌシュ・コルチャック（ペンネーム）[2]の業績にちなんで、1978年「子どもの権利条約草案」をポーランド政府が国連に提出したことにより、その検討が始まった。翌1979年には、国連人権委員会に「子どもの権利条約」作業部会が設置され、同年は「国際児童年」に指定され、世界中の子どもの権利について考える機会となった。1989年には、子どもの権利条約（児童の権利に関する条約）が国連総会で採択され、1990年に発効した。同年には、「子どものための世界サミット」が開催され、子ども最優先の原則のもとで2000年までに子どものために達成すべき目標を定めた。

　日本は、1994年に子どもの権利条約（児童の権利に関する条約）に世界で158番目に批准した。その後、条約の内容を補うための次の3つの「選択議定書」（条約と同じ効力をもつ）がつくられた。1つ目は、「児童の売買、児童買春及び児童ポルノに関する選択議定書」（2000年5月採択、2002年1月発行、2005年日本批准）、2つ目は、「武力紛争における児童の関与に関する選択議定書」（2000年5月採択、2002年2月発効、2004年日本批准）、3つ目は、「通報手続きに関する選択議定書」（2011年12月採択、2014年発効、日本は2024年時点で未批准）である。

（4）子どもの権利条約の内容

子どもの権利条約は、子ども（18歳未満）を権利主体と位置づけるとともに、大人へと成長する途中にあり、保護や配慮が必要な面もあるため、子どもならではの権利も定めている。基本的には、①差別の禁止、②子どもの最善の利益、③生命、生存及び発達に関する権利、④子どもの意見の尊重という4つの原則に基づいている。具体的構成は、前文と54条からなり、1～41条に、①生きる権利、②育つ権利、③守られる権利、④参加する権利を保証するための様々な権利が定められている。また、難民や少数民族の子ども、障がいのある子どもなど、特に配慮が必要な子どもの権利についても書かれている。42条以下には、条約の原則や内容を広く知らせることや条約を実施するための仕組みなどが定められている。

子どもの権利条約第43条に基づき、条約で約束された義務の実現と進歩を審査するために、18名の委員からなる国連・子どもの権利委員会が設けられている。締約国は、条約批准後2年、その後は4年おきに進捗状況を子どもの権利委員会に報告することが義務付けられている。政府の報告と併せて締約国のNGOも「代替報告（Alternative Report）」を提出することができ、それらを基に審査が行われ、各締約国に総括所見が提出される仕組みとなっている。

（5）国連・子どもの権利委員会による日本への総括所見

国連・子どもの権利委員会の日本への総括所見は、第1回は、1998年に、第2回は、2004年に、第3回は、2010年に、第4回・第5回は、2019年にジュネーブで行われた子どもの権利委員会において採択され日本政府に提出された。

本稿では、直近の第4回・第5回総括所見の内容について概要を紹介する。

（6）国連・子どもの権利委員会第4回・第5回定期報告書審査総括所見[3]の内容

総括所見では、条約及び2つの選択議定書の実施に関して、36項目の実質的な勧告がなされた。そのうち緊急の措置が取られなければならない分野として、差別の禁止（パラ18）、子どもの意見の尊重（パラ22）、体罰（パラ26）、家庭環境を奪われた子ども（パラ29）、リプロダクティブヘルス[1]および精神保健

（パラ 35）並びに少年司法（パラ 45）の 6 つの分野の勧告の重要性を強調している。

（7）障害のある子どもに関する勧告

　合理的配慮の概念を導入した障害者基本法の改正、障害者差別解消法の採択を歓迎する、としつつ障害について人権を基盤とするアプローチをとり、インクルージョンのための包括的戦略を確立し、以下の措置をとることを勧告している。(a) 障害のある子どものための適切な政策及びプログラムを整備するための効率的な障害診断システムを発展させること、(b) 統合された学級におけるインクルーシブ教育[5]を発展させかつ実施すること、ならびに専門教員および専門家を養成し、学習障害のある子どもに個別支援および適正な配慮を統合された学級に配置すること、(c) 学童保育サービスの施設および人員に関する基準を厳格に適用し、実施を監視すること、(d) 障害のある子どもが保健ケア（早期発見介入プログラムを含む）にアクセスできることを確保するための即時的措置をとること、(e) 障害のある子どもとともに働く専門スタッフを養成し、増員すること、(f) 障害のある子どもに対するスティグマおよび偏見と闘い、政府職員、公衆および家族を対象とする意識啓発キャンペーンを実施すること、を指摘している。

（8）障害者権利条約と合理的配慮義務

　2006年に国連で採択された障害者権利条約に、日本では国内法を整備した後、2014年1月20日に批准した。これまでは、障害は、病気や外傷から生じる個人の問題であり、医療を必要とするものであるという「医学モデル」を反映したものだったが、障害者権利条約では、障害は主に社会によってつくられた問題であるという、「社会モデル」の考え方が反映されている。例えば、歩行に困難があり車いすを使用している人が建物を利用しづらい場合、歩行に困難があることが「障害」なのではなく、段差がある、エレベーターがないといった建物の状況があることが障害（社会的障壁）であるという考え方である。この条約の目的は、「全ての障害者によるあらゆる人権及び基本的自由の完全な平等を促進し、保護し、確保すること並びに障害者の固有の尊厳の尊重を促進すること」である。第

2条の定義では、障害者の人権と基本的人権を保障するための「合理的配慮」が定義され、障害に基づく差別には、「合理的配慮の否定」が含まれている。

　2013年に制定（2016年施行）された障害者差別解消法では、すべての公的機関において合理的配慮義務が課されることとなった。したがって、公的機関である保育所・幼稚園・認定こども園・小・中・高等学校などに障害のある子どもがいた場合、合理的配慮を行わないことが差別であるとみなされる。これからの保育者・教育者を目指す者は、発達障害を含む様々な子どもの障害特性を理解した上での実践の在り方を学び探求していくことが強く求められている。

　以上ここまで、子どもの権利条約の生まれた背景そしてその概要の紹介から子どもの持つ権利について概観した。そしてこの節の最後に障害のある子どもに関する勧告そして障害者権利条約と合理的配慮義務についての紹介を行った。障害への考え方も、子どもを対象にした場合、子ども独自のニーズの特殊性への配慮が必要となることを強調したつもりである。次の節では、子どもの権利について、それが侵害される状況を世界に視野を広げ、2020年のCOVID-19での行動制限そして今も続くウクライナへのロシアの侵攻からはじまった戦争からの子どもへの影響から考察する。

2．子どもの権利について考える―世界に視野を広げて―

（1）子どもの権利としての「生存と発達の確保」

　子どもの権利条約第6条に明記されている通り、子どもには「生命への権利」「生存・発達が確保」されることが必要であるが、乳幼児期（0～6歳）の発達は児童期とも思春期とも異なり、「小さな大人（大人のミニチュア）」ではない特徴的な発達過程を有することを念頭におき、人生の土台を形成する乳幼児期における権利確保を考えていかなくてはならない。

　国内外の発育発達学において活用されてきたスキャモンの発育曲線（1930）では、4つの身体発育の特徴的パターン（神経型：脳・脊髄・視覚器・頭径、一般型：全身（頭径を除く）の外形計測値・筋や骨の全体など、生殖型：睾丸・卵巣など、リンパ型：胸腺・リンパ節など）が提唱された。誕生から成熟期（20歳）までの発育量を100％とした割合において、乳幼児期には脳・神経系が急激

な発育を遂げるうえに、身長・体重も大きく伸びていくことが示されている（この発育曲線に対する検証や個人差との関係について課題は残っているが）。神経系と身体の発育著しい乳幼児期には五感を駆使して人・ものと関わりながら遊び、「失敗の繰り返しによって」（松浦，2005）身体各部を使う様々な動作を獲得し、言語や生活習慣、関係性など社会的能力の基礎を身につける心身の発達プロセスが重要といえる。

しかし、様々な状況（戦争、感染症、飢餓、貧困、自然災害、虐待等）の下においては、生命の危険に晒され、発育発達に十分な栄養や必要不可欠な水と衛生状況及び遊び環境が得られない、家族や故郷から引き離され避難することを余儀なくされる、などの環境下にある子どもたち、「生存・発達する権利」が侵害されている子どもたちが存在することを、忘れてはならない。

（2）権利の主体者として子どもが育つための活動事例

子どもの権利を擁護する、という大人の責任も重要だが、「子ども自身が権利の主体者としての意識を持ち」ながら成長することも大切であるとして、フランスでは保育学校（l'école maternelle：すべての3～5歳が通う施設（1881年から無償、2019年9月から義務教育化）、給食、午睡、早朝・延長保育あり）において、幼児期から人権意識を育てる取り組みが行われている。COVID-19の世界的感染拡大（パンデミック）によって様々な制限が課され、大人を基準とした厳しい衛生基準は接触や多様な遊び体験が不可欠である乳幼児期の発達特性に適合したものとはいえず、誕生から子どもが有する「発達する」・「遊ぶ」権利を尊重する必要性が再認識された。感染が拡大した2020年3月16日から5月11日まで、すべての保育・教育施設が閉鎖され、この間オンラインプログラムが配信されたが、フランス語が話されない・IT機器がない（十分ではない）・連絡が取れない、という家庭が一定数存在し、休校期間が長くなればなるほど子どものおかれた環境は悪化することが懸念されていた（大庭，2021）。

フランスでは保育学校教育プログラムにおいて、前文3.「ともに学び生活する場としての学校」のうち3.2では、自分の意見を表明する、遊ぶ、学ぶ、失敗をする、保護され援助される、等が子どもの権利として、教員は子どもたちに明確に示すことが明記されている。この他にも、「個別性の尊重（発達・障害・考え

方等）」「多様な家庭への配慮」「市民性の尊重」「文化の多様性」「全ての子どもは受け入れられ公正に扱われる」「男女平等」などが、保育学校教職員が有すべき子どもの権利に関する基本的認識として挙げられている。

　しかし、パンデミック下においては子どものこうした権利が危機にさらされる状況が顕現化したことにより、学校が再開していた「世界こどもの日（World Children's Day）」（11月20日、国連制定）には、各地でアクションが行われた。パリのルイリィ保育学校では、この日を子どもの権利記念日として、幼児期から行う市民教育の重要な節目と考えた。子どもたちが自分の権利と義務を認識できること、実際の問題解決のための集団的な対話の場を設定すること、子どもの権利を出発点として子どもが話し合い「よりよい共生」を集団芸術活動にて例証すること、を目的とし、ユニセフが作成した子どもの権利に関するポスター（図8-1）を活用した保育活動を展開した（Daneyrole, 2020）。

図8-1　エントランスホールに掲げられた子どもの10の権利（ユニセフ）ポスター（ルイリイ保育学校、パリ）
撮影：大庭三枝（2022）

校内やクラスにユニセフポスターを掲示・説明、子どもの権利に関する絵本にふれ理解を共有する中で、子どもたちは「私には10本の指がある、10個の権利がある！」という意識を自己の中に育てていく。ルイリィ保育学校で幼児にわかりやすく示した基本的な権利は、1. 名前・苗字を持つ権利、2. 食べる権利、3. ケアされる権利、4. 学校に行く権利、5. 家族を持つ権利、6. 家を持つ権利、7. 遊ぶ権利、余暇を過ごす権利、文化にアクセスする権利、8. いやと言える権利、9. 保護される権利、10. 自由に考え、意見表明できる権利、である。

　子どもの権利記念日（条約誕生日）には巨大な誕生ケーキが用意され、クラスで作成した作品（図8-2）を集めた展覧会に一同が集い、子ども全員が10の権利を確認した。コロナ禍で休校を余儀なくされた2020年は「学校に行く権利」

を中心テーマに選び、この年、思い思いの学校を表現した子どもたちの作品や世界の学校の写真等が保育学校内に飾られ、子どもだけでなく送迎の際に家族も鑑賞することで、「子どもの権利」の理念に触れることができた。コロナ禍は、子ども特に乳幼児の育つ権利を脅かすものとして認識され、すべての子どもの権利を実現するため、保育学校を取り巻く社会資源を活用し、子どもが権利主体として成長していけるよう、活動が構成されていることがわかる。

図8-2　クラス全員で作成した共同作品例
（ルイリイ保育学校、パリ）
撮影：大庭三枝（2022）

（3）子どもの権利が奪われている事例

　2022年2月24日に始まったロシアによるウクライナ軍事侵攻は、現在もウクライナ南部東部で激しい戦闘が繰り広げられるだけでなく、発電所などのエネルギー施設他ウクライナ全土へのミサイル攻撃が継続している。戦争下のウクライナから全世界で記録された避難民は648万6千人（うちヨーロッパ内5,982,900人、ヨーロッパ以外503,100人、国連難民高等弁務官事務所（UNHCR：United Nations High Commissioner for Refugees）による統計、2024/3/14集計データ）に上っている。現地では、2年間で戦闘激化地域のドネック州で約6,200回（1日平均約8.5回）、ザポリージャ州とハルキウ州では約3,500回（1日平均約4.8回）の防空警報が出ており、子どもたちはそのたびに地下シェルターや地下鉄の駅に避難を余儀なくされ、その時間は2年間で3,000～5,000時間（4～7か月）に上る（UNICEF（the United Nations Children's Fund：国連児童基金）、2024/2/23プレスリリース）。

　ウクライナ全土の子どもの40％が、戦争下施設がないために継続的に教育を受けることができない状況に対し、ユニセフ事務局長のキャサリン・ラッセルは、「ウクライナでの戦争は、子どもたちの子ども時代を荒廃させ、メンタルヘルスと学習能力に大打撃を与えている。彼らは2年間にわたり、暴力、孤立、家族との別離、愛する人の死、避難生活、そして学校教育や保健医療の中断を経験してきた。」と述べている（日本ユニセフ協会、2024/2/23プレスリリース）。生

命の危険と生活の苦難、絶え間ない恐怖と悲しみ・不安にさらされる戦争とは、成長期の子どもたちにとって、最大の人権侵害である。

　このような状況下における子どもたちの心理状況を理解するために、侵攻後に子どもたちが描いた絵から考えてみよう。

　図8-3はロシアによる侵攻から1週間後に、暗く寒い地下シェルターで恐怖におののく生活の中16歳女子が描いたものである。強烈なストレスにより言葉にならない思いを絵で表現したもので、当時絵を描くことのできた子どもたちにとってセラピーの意味合いがあったと考えられている。図8-4は、3歳になったばかりの男児（2022年5月当時）が初めて描いた「乗り物」の絵で、彼の日常では戦車が行き交っていることがうかがえる（Oba, 2023）。図8-5には、ミサイル攻撃も防空警報も止まない日常の中で、虹が空爆や攻撃から守ってくれるという5歳の子どもの切実な願いが描かれている。子どもたちの絵に表現された恐怖や不安などを垣間見るにつけ、子ども時代の心の健康が守られることは、命とともに優先されるべき子どもの権利だといえる。

　ウクライナでの戦争状態が続く中、2023年10月イスラム組織ハマスの奇襲攻撃に対する報復としてイスラエルがパレスチナ・ガザ地区において軍事攻撃を展開してきた。WFP（国連世界食糧計画）が取り上げたIPC報告（2024/3/18発表）によると、ガザ地区では人口の半数（110万人）が壊滅的飢餓に見舞われ、北部では2歳未満の子どもの3人に1人が急性栄養不良または「消耗症」の危機に瀕している。しかし、イスラエル軍の攻撃により命を救うために働く医療従事者や人道支援者の犠牲が増加、人道支援ルートの封鎖によりガザ地区への食料、水、医薬品、保健衛生サービス等命を救う援助は十分に届くことなく、子どもたちにとって「生命への権利」確保に危機的状況が続いている。

　世界には紛争や国内の政情不安のため、他にも子どもの命・発達・教育などの権利が守られていない地域が増えており、構造的解決のためには、子どものことを自分事として世界中が連携して知恵を絞り、行動すべき時代といえる。

　それと同時に、身近な生活の中の権利擁護にも私たちは気をつけていくことが必要である。日本でも虐待などで、子どもたちが生存・発達する権利を奪われる悲しい事例が後を絶たない。未曾有の惨禍であったパンデミック下において集めた子どもの声（国立成育医療研究センター，2023）を参照し、ぜひ子どもの意

（左）図8-3　16歳女子の絵
（右）図8-4　3歳の絵

（左）図8-5　5歳の絵

（図8-3、8-4はリュドミラ・シェホダエバ氏提供（2022）、図8-5はタチアナ・コバレバ氏提供（2023）両氏ともOMEP（世界幼児教育・保育機構）ウクライナ委員会所属）

見から子どもの権利について考えてもらいたい。

3. ま と め

　2節の最後は「ぜひ子どもの意見から子どもの権利について考えてもらいたい」と結ばれた。「子どもの意見を聴く」、私たちは十分にこのことができてきたのであろうか。もちろん答えはNOである。2023年にこども家庭庁が発足した。また、それと同時にこども基本法が施行された。こども基本法は、国連の子どもの権利条約の精神にのっとり、子どもの権利擁護を実現する子ども施策を総合的に推進することを目的としている（基本法第1条）。また、こども家庭庁は、常に子どもの最善の利益を考え、子どもに関する取組・政策を社会の真ん中に据えて（「こどもまんなか社会」）、子どもの視点で、子どもを取り巻くあらゆる環境

を視野に入れ、子どもの権利を保障し、子どもを誰一人取り残さず、健やかな成長を社会全体で後押しするための新たな司令塔機能として創設された。これら創設により子ども政策が一つ前に進んだことは評価される。しかし、これらが掲げる「こどもまんなか社会」を実現するにあたって、日本はその実現をどこまで成し遂げており、これからどう変革していかなければという問いに答えなければならない。こども基本法そしてこども家庭庁の中には「こどもの意見表明権の保障」「こどもの声を聴く仕組みを各自治体で整備」といったことが盛り込まれた。一貫して「こどもの声を聴くことの重要性」を強調している。しかし、日本では、伝統的に子どもの意見は軽んじられてきたといえる。子どもに権利があることを教えたら、わがままで自己主張の強い子どもになる、身勝手で手に負えない子どもになるといった考えを私たち大人が完全に捨てることでしか、勇気をもって声をあげた子どもを救うことはできないであろう。

＊本稿2.（2）の部分は、科学研究費助成事業（基盤研究（C）課題番号：18K02448）の助成を受けて行った研究成果の一部をまとめたものである。

注
1) 児童福祉法では、18歳未満の者を児童と定義した。学校教育法では、小学校の子どもを学齢児童と呼んでいるが、本章での児童は18歳未満の者を念頭においている。
2) 1878年ロシア領ポーランドの首都ワルシャワに誕生。本名ヘンルィク・ゴールドシュミット。1898年ワルシャワ大学医学部入学。ワルシャワ慈善協会の施設で、教育活動を開始。1905年大学卒業後小児病院に勤務。1911年ユダヤ人孤児のための孤児院「ドム・シェロット」設立。1918年ポーランド独立。「子どもをいかに愛するか」発表。1929年「子どもの権利の尊重」発表。1940年ワルシャワ・ゲットーに移住。1942年子どもたち200人とともにナチス・ドイツによって殺害された。
3) 日本弁護士連合会日本の第4回第5回統合定期報告書に関する総括所見 https://www.nichibenren.or.jp/library/ja/kokusai/humanrights_library/treaty/data/soukatsu_ja.pdf0（2024年6月25日閲覧）
4) 妊娠したい人、妊娠したくない人、産む・産まないに興味も関心もない人、アセクシャルな人（無性愛、非性愛の人）問わず、心身ともに満たされ健康にいられること
5) 1994年、ユネスコとスペイン政府の共催でスペインのサラマンカで開催された「特別なニーズ教育に関する世界会議」で提起された。インクルーシブ校の基本的原則は、すべての子ど

もはなんらかの困難さもしくは相違をもっていようと、可能な限り、いつも共に学習すべきであるというものである。インクルーシブ校はさまざまな学習スタイルや学習の速さについて調整をしながら、適切なカリキュラムと、編成上の調整、指導方略、資源の活用、地域社会との協力を通じ、すべての子に対し質の高い教育を保障し、生徒の多様なニーズに応じなければならない。子どもの多様性を認め、排除しない学校づくりをめざす教育理念である。

文献

Daneyrole, I., L'Anniversaire des Droits de l'Enfant, Visio-conférence OMEP-France, *Les droits de l'enfant en période de pandémie*, 25 novembre, 2020

国立成育医療研究センター「コロナ×こどもアンケート第7回調査報告書」2022 年（https://www.ncchd.go.jp/center/activity/covid19_kodomo/report/CxC7_repo.pdf）（2024年3月31日閲覧）

松浦義行『身体的発育発達論序説』不昧堂出版, 2005

Ministère de l'Éducation Nationale, Programme d'enseignement de l'école maternelle, Bulletin Officiel spécial N°2, 2015

大庭三枝「L'école maternelle（保育学校）における COVID-19 への対応— AGEEM —の取り組みを中心に」『フランス教育学会紀要』, 33, 2021, pp.81-86

Oba, M., Development of Peace Education Materials Inspired by Young Children's Expressions-Practice in Hiroshima-, *OMEP Theory into Practice*, 6, 2023, pp.52-58

WFP, IPC Global Initiative - Special Brief（https://www.ipcinfo.org/fileadmin/user_upload/ipcinfo/docs/IPC_Gaza_Strip_Acute_Food_Insecurity_Feb_July2024_Special_Brief.pdf）（2024年3月31日閲覧）

第9章

実習における保育学生の学び
―豊かな感情経験から専門家として成長する―

松尾浩一郎・上山瑠津子・池田明子

> 「子どもは可愛い」「子どもとかかわることが好き」等の思いで保育者の道をめざそうと教育学部に入学しました。その気持ちにかわりはないのですが、いざ実習で「実習生」として、あるいは「保育者」として子どもに向き合うことになると、大変緊張します。「子どもにどのようにかかわろうか」「どのように保育を展開しようか」などのように保育者としての専門的知識に基づいた行動の在り方に悩むことはもちろんのこと、「子どもの前ではいつも笑顔でいなければならない」というように、自分自身の感情のあり方にストレスを感じることも多くあります。実際にどのように自分の感情をコントロールしながら実習に臨むことが大切なのでしょうか？

1. 問題の所在

　保育士・教員養成教育において、大学での理論的な学びと保育・教育現場での実践的な学びは、両輪として両者の学びは往還的な関係にあるが、中でも、実習を通して子どもや保育者、教師と実際に関わる経験は、その後の学修に大きな影響を与える。実習を通した学びの重要性から、本章では、保育所実習、幼稚園教育実習を対象に保育学生の実習における学びについて考えてみたい。具体的には、近年、対人援助職の専門的特質として位置づけられる「感情労働」を背景に、子どもや保育者との関わりの中で生起する「感情経験」に焦点を当て、実習

日誌のエピソードや実習後の調査結果を紹介しながら、論じていく。

2. 実習で経験していること

(1) 実習の意義

　保育者・教育者をめざすにあたっては、大学での理論的な学びと、保育実習・教育実習を通した実践的な学びが必要である。厚生労働省（2018）においては、保育実習の目的として、「保育実習は、その習得した教科全体の知識、技能を基礎とし、これらを総合的に実践する応用能力を養うため、児童に対する理解を通じて保育の理論と実践の関係について習熟させることを目的とする」と位置づけている。実際の保育・教育現場で、学生は実習生として子どもを理解し、保育者としての専門的知識を活かしながら保育を展開することの実際や、保育者としての使命感や心構えを学んでいく。

　以下、初めての保育実習を経験した2年生のエピソードに基づきながら、実習で経験していることについて紹介する。なお、エピソード中の下線は実習生の感情が表われている表記だとして捉え、著者が加筆したものである。

(2) 実習で経験している具体的内容

1) 子どもを理解する

エピソード1：子どもを理解する

　早朝保育の時間、一緒に遊んでいた5歳児のA児がB児とじゃれ合って遊んでいたが、私は他の子に話しかけられたのでその子たちと話していると、A児が突然泣き出した。視界には入っていたけどあまり意識を向けていなかったので、叩いたり蹴ったりしたわけではないことしか分からず、「どうして泣いているの？」「話してみてくれる？」と聞いても泣き続けたり、首振りしかしなかった。私は、今は話したくないんだなと思い、しばらく抱いて背中をさすった後、少し落ち着いたのを見て「こちょこちょされたの？」と聞くと首を振ったので、「髪ぐちゃぐちゃにされたの？」と聞くとうなずいたので、「そっか。いやだったんだね」「先生がきれいに直してあげるね」と関わると泣くのは落ち着いてくれた。はじめて子どもを理解しようと意識してかかわれたと思った。

大学においては、保育の基本は子どもを理解するということや、子どもの思いを受け止めながら一人ひとりに応じてかかわることなどを学修する。しかし、実際の保育現場では複数の子どもたちが同じ場にいたり、子どもの年齢によっては自分の思いや考えを相手に伝わるように言葉で的確に表現するとは限らない姿に出会ったりする。鷲田（2012）は「他者の理解においては、同じ想いになることではなく、じぶんにはとても了解しがたいその想いを、分かろうとする姿勢が大事である。そして相手には、そのなんとか分かろうとしていることこそが伝わる」と述べている。実習生は泣いているA児の思いを何とか分かろうと試行錯誤を重ねているうちに、A児が自分の言葉にうなずき落ち着いた姿から、子どもを理解することについて安堵感を伴いながら体験的に学べたということが、エピソードにある「はじめて子どもを理解しようと意識してかかわれた」という言葉からうかがえる。

2）保育・教育の専門的知識や技術の向上と保育観の構築

エピソード2：私の保育、楽しいかな？

　6月の誕生会を楽しむ活動をした。私にとっては初めての部分案を用いた指導であり、自分が用意した教材が適切なのか、子どもが楽しんでくれるのか、予測がつかないことにとても不安だった。

　実際に保育を始めるとシルエットクイズに対して、大きな声で応える子どもの生き生きとした姿が見られ、子どもが私の問いかけに応えているということを実感し、安心感と嬉しさが感じられた。

　しかし、この部分保育で難しいと痛感したのは、終わりの締め方がよく分からず困惑したことである。絵本が終わると子どもは気付きを口にしたり、これやりたいともっとやりたいことを口々に伝えてくれたりするが、私がどこまでかかわりをもてばよいのか分からなくなった。

　このような経験を通して、子どもがいかに楽しめるか、考えて保育を行い、子どもの返してくれる反応に最大限応じられるようにしたいと感じた。また、この経験で少し自分が前に立って保育を行うときに堂々としていいんだと、子どもの様子から感じとることができたため、前に立った時に一人の保育者として真剣に向き合う覚悟ができた。

初めて子どもたちの前に立って保育をするにあたっては不安な気持ちを抱えていたが、子どもたちが自分の保育に喜んでくれているという手応えに安心感や嬉しさを、そして最後の子どもたちの反応に対するかかわり方に難しさや困惑を感じている。そのうえで、今後どうしたらいいかということを考えている。このように、事前の教材研究や指導案立案などを通した専門的知識や技術は、自分が投げかけたことに対する子どもの反応や、子どもの反応に対する自分の感情と向き合いながら、省察し、具体的な改善の在り方を探ることで高められていくのであろう。また、子どもの反応や自分の感情に向き合う営みは、一人の保育者として真剣に向き合う覚悟にまで導かれている。このことは、津守（1987）が述べている「子どもとともにその時を過ごそうとする意志は、子どもたちの生活を、自分にとっても、子どもにとっても、意味あるものとし、両者にとって大切な人生のひとこまとして生きようとする、意味の転換の時にほかならない」という保育観にもつながると捉えられるのである。

3）保育者としての使命感や心構え

エピソード3：緊張していた私を見て

　その日は初めての部分実習があり、午睡前に子どもたちの前で絵本を読むことになっていた。前日から<u>不安と緊張</u>でいっぱいであった。絵本を読む時間が近づいてきて、椅子に座って子どもたちを待っていると、一番に私の目の前に座ってくれたB児がいた。私はそのB児に「先生、初めてみんなの前でお話するから、すごく緊張しているんだけど、頑張って読むね」と伝えると、B児は「頑張らなくていいんだよ」と言った。私はどういうことか分からず「どうして？」と聞いてみると、「だって、他の先生たちもみんないっぱい練習して、上手になってるんだよ。だから頑張らなくてもいいんだよ」と言った。私はその言葉を聞いた時に、不安でいっぱいだった<u>心が一気に軽く</u>なった。私は「そうだよね、ありがとう」とB児に感謝の気持ちを伝えたが、そんな素敵な言葉を伝えられるB児の姿に<u>感動した</u>と同時に、私も子どもに温かい言葉をたくさん届けられる保育者になりたいと<u>強く</u>思った。B児としては何気ない一言だったのかもしれないが、私にとってはかけがえのない言葉となったように、保育者が子どもにかけた言葉一つで自信を与えられる場合もあれば、深く傷つけてしまう場合もあるため、伝える言葉には責任を持たなければならないと思った。

初めて子どもたちの前で絵本を読む不安と緊張でいっぱいであった実習生は、先にやってきたB児に思わず自分の感情を素直に吐露したのであろう。それに対して、4歳児のB児は「頑張らなくてもいいんだよ」と実習生に声をかけているのである。そのやりとりの中で実習生はB児の言葉や姿に感動し自分自身も自身が経験したように温かい言葉を子どもたちに届けたいという想い、伝える言葉に対する責任感を抱いていることがうかがえる。榎沢(2019)は保育においては、「存在の承認も相互的なものであり、保育者は子どもにより自分の存在を肯定されることを必要としている。」と述べている。実習生はB児とのかかわりを通して自分の存在を肯定されることにより、不安や緊張から感謝の気持ちへという感情の変化を経験している。また、このような豊かな感情経験を通して、専門家として必要な使命感や心構えが心の内から紡ぎ出されているとも言える。

3. 保育実習における感情経験と感情管理

(1) 演技としての笑顔―感情労働という視点―

> 絵本の読み聞かせで、もう本当にみんな立ち上がったり集中力がすごく切れてしまって全然お話が続かないという場面があって、一番最初の部分実習ということもあって、ものすごく自分の中ではパニックになるし、もう無理かもしれないと泣きそうになったが、笑顔でやらないといけないと思ってやり通した。

　保育者は一般の人から明るく、笑顔で、元気というイメージを抱かれやすいが、保育者自身もまた職務上明朗な態度を表出することが必要であると思っている。保育者へのインタビューを行った神谷(2008)は、「明るく」「元気で」「子どもに求められ」「感情豊かで子どもを受け入れることのできる」ことが保育者に求められる資質として認識されていることを示している。保育者は、明朗でやさしい態度で子どもや保護者に接するべきであるという職務上の信念を持ち、悩みや不安を抱えている時でも自分の感情を管理し、笑顔で子どもや保護者に接しようとする。保育実践を行う上でのこのような感情管理の重要性は、事例のように保育実習に取り組む学生においても認識されており、不慣れな実践の現場に不

安を抱え、思うような保育ができずに悩んだり落ち込んだりしていても、子どもたちの前では笑顔でいようと努力する姿が見られる。

　サービスを提供する顧客に適切な感情を喚起するために、自らの感情を管理し、外見や表情を適切に維持することが求められる労働形態を感情労働と定義したのは社会学者のホックシールド（2000）である。ホックシールド（2000）によると、それぞれの職業には感情規則、すなわち職務上適切な感情やその表出方法を定めた規則が存在しており、労働者はその感情規則に沿った感情状態を保つための感情管理が職務内容の一部として求められる。ホックシールド（2000）は、感情労働の例として客室乗務員と借金取りというまったく異なる2つの職業を取り上げている。客室乗務員は、どのような乗客に対しても笑顔とあたたかさのこもった接客態度を示さなくてはならない。一方、借金取りは、顧客に同情していたとしても、相手に恐怖心を抱かせる恫喝や冷酷な態度で返済を求めなければならない。

　感情労働は表層演技と深層演技の2つに大別できる。表層演技とは自分が経験している感情はそのままで表情やしぐさ等の表面的な感情表現をその場にふさわしいものに変えることである。実習生が、自分の中の不安や緊張はそのままで子どもたちの前で笑顔をつくるのはこの表層演技にあたる。一方、深層演技とは、表面的な演技をするのではなく、心からそう感じるように自分の心に働きかけ自分の感情を変えようとすることである。感情労働についての研究は、看護や介護、教育、保育といった領域で行われているが、感情労働と心理的ストレス状態やバーンアウトとの関連を調べているものが多い。

　保育実習は金銭的報酬を伴う「労働」ではないが、先に述べたように実習生には保育者に準じる感情管理が求められる。高橋（2011）は幼稚園教育実習を終えた学生へのインタビューを行い、「プリキュアなどアニメやテレビのヒーロー物のごっこ遊びは、キャラクターも知らなければ世界観もわからないので、ノリノリでやってみるものの心の中では苦しい」「子どもたちは楽しんでいた遊びだけれども、あまり展開がなく、理解もできず、楽しめなかった」「子どもにけん銃で撃たれたり、怪獣ごっこで悪者になったりした時など、やっつけられて倒れる真似をするものの、何回も同じことを繰り返すので、早く終わらないかなと思いながら遊んでいることがある」といった学生の声を紹介し、実習における感情

管理の難しさについてふれている。いずれも子どもたちは遊びを楽しんでいるが学生自身は楽しいと思えていない場面である。学生が何とか子どもたちに合わせて遊んでいる様子が想像される。おそらく、将来、子ども理解が深まり、遊びで展開されている子どもたちのイメージ、楽しさを共有でき、自分なりの見通しをもって保育ができるようになればつらさはなくなるのではないかとも推測されるが、実習の段階では遊びの楽しさを子どもたちと共有しているふりをしてかかわりを続けなくてはならない状況もあると考えられる。

（2）保育者としての自然な笑顔に向けて— 感情的実践という視点—

> 私が3歳児クラスに入って初めての月曜日。週明けということもあり、朝から泣いている子どももいたり、私は初めて会う子どもも多かったりして、子どもたちの姿に驚き、うまく子どもたちとかかわることができず、少し落ち込んでしまった。次の日は火曜日で天気もよく、子どもたちも少し落ち着いてきていて、元気に保育室や戸外で好きなあそびをする様子が沢山見られた。そして給食を食べていた時、同じ机で一緒に食べていたA児がいきなり「先生、今日はニコニコできたね」と私に声をかけてくれた。言われた時は給食を食べるために私がマスクを取ったから、そのようなことを言ってくれたのかなと考えたが、A児の言葉がその後もずっと私の心に残った。特に今日「は」と言っていたことが気になった。自宅で1日を振り返りながらもう一度A児の言葉について考えていると、私は月曜日、落ち込んで笑顔が減っていたのではないか、そして火曜日は子どもだけではなく、私自身もクラスになれ、笑顔が増えていたのではないかということに気付いた。子どもが保育者の顔色をうかがうようなことがあってはならないと深く反省した。子どもが安心して1日を過ごすことができるように、これからは笑顔を絶やさないようにしたいと強く思った。

保育者を目指す学生は、子どもたちに接する上で笑顔や明るさなどの明朗な態度が重要であると感じている。実習の中では、保育者としての使命感や責任感から努力して笑顔をつくる場合も多いかもしれないが、そうした中で保育者の笑顔や明るさが子どもたちに安心感を与えること、何らかの理由で明朗さに欠ける場合は子どもたちを不安にさせてしまうことを実感していく。

保育者としての長い経験がある草信（2011）は、「私の中に、保育者が自分の「気持ち」を無理にコントロールするというイメージはない」「保育の実践に即すと、そこに保育者の『気持ち』からの行為はあるが、その行為を『労働』とするのは、別の位相に立つことのように感じる」と述べている。筆者も現場の保育者と感情管理について会話する中で、「自分がやっていることは感情労働と言われるものにあたるとは思うが、労働と言われるとちょっと自分の感覚とは違う」
　「子どもたちを前にして演技をしているつもりはない」「子どもたちの成長を思ってのかかわりなので、感情をコントロールするのは負担ではない」といった話を聴いたことがある。こういった感覚は経験を積んだ保育者に共有されるものなのかもしれない。保育者を目指す学生も経験を積むことによって、（実習中においてもすべてがそういうわけではないが）保育者としての使命感や責任感からの義務的な感情管理から、より自然な感情管理になっていくと想像され、そのプロセスを明らかにしていく必要があると考えられる。
　学齢期以降の学校教育の領域が中心であるが、子どもとの相互作用における教師の感情に注目した研究が行われ、感情的実践という用語が用いられている。ここでの感情的実践とは、子どもの成長や自己実現を支え促すことを目指し、教師が自らの感情を自由裁量のもとで管理することを指している。中坪（2011）は国内外の感情的実践に関連する研究をふまえつつ、感情的実践が保育者の専門性を特徴づけるものであることを論じている。感情的実践と感情労働を概念的に区別するのは困難な面があり、また、現段階では保育における感情的実践の研究は十分には行われていない。保育・教育における実践を感情労働とも感情的実践とも捉えることは可能であろうが、保育者・教育者が子どもたちの成長を願って主体的に感情を管理しているという心理的側面を考えれば、感情的実践という観点からの研究が進むことが望まれるところである。

4. 保育学生の感情管理とリフレクション

（1）実習を通した保育学生の感情管理

　第1節のエピソードで述べられたように、実習は保育学生にとって子どもや保育者との直接的な関わりの中で様々な感情経験をする機会となる。例えば、遊び

場面で、子どもが、泥団子を作って「どうぞ」と差し出せば、保育者や保育学生は、子どもが食べ物に見立てたことを理解し、美味しそう食べる仕草をして、嬉しさや喜びを表現するだろう。また、ある子どもが他児を叩いたといった場面では、保育者であれ、保育学生であれ、まずは子どもの思いに寄り添いながら、なぜ叩いたのかの理由を尋ね、注意したり、諭したりするだろう。この時、子どもが怯えないように自分の感情表出を意識する。さらに実習においては、実習園の保育者に対して、「実習生」として積極的に学ぶ態度や適切な振る舞いを示すことも必要とされる。

　それでは、保育学生は実習を通してどのような感情管理を行っているのだろうか。ここでは、保育所実習、幼稚園実習後に行った調査結果から、喜びや嬉しさなどのポジティブ感情と怒りや不安などのネガティブ感情の表出や抑制を、専門家としての意識的な工夫として位置づけ、感情管理方略としてその具体的な内容を紹介する。

1）「子ども」に対する感情管理方略

【表情や声のトーンを変化させる】
・ネガティブ感情では、やってはいけないということが伝わるように、普段より声のトーンを下げたり、真剣な表情をして伝えたりするように心掛けた。

【身体的な動きをつける】
・ポジティブ感情は、子どもが絶対にわかるように、笑顔やハイタッチ、グッドサインなどで視覚的にも表現することを意識した。

【具体的に言語化する】
・私がその子の言動を受けて何が嬉しかったのか、どんなところをすごい、かっこいい、素敵だと思ったのかについて、具体的に言語化して伝えることを意識した。

【視線を合わせる】
・ネガティブ感情のときには、真剣な顔で子どもと体の向きをあわせ一対一で目を見て話した。

【不安や緊張を抑えるように意識する】
・研究保育の前など、私が緊張している気持ちが子どもたちに伝わってしまわないよう、普段の平常心を心掛け、普段通り遊びを楽しめるようにした。

以上から、保育学生は子どもに対する感情管理方略として、主に、表情や声のトーン、視線などの非言語的なアプローチを意識していることがわかる。伊佐（2009）は、教師が子どもの心に働きかけるために表情や声のトーンを装うことを「教育的演技」という言葉で表現しており、保育学生の実習においても、子どもの喜びには共感し、良いことや悪いことなどの道徳的な対応では、その育ちを支えるために教育的演技を行っているといえる。

2）「保育者」に対する感情管理方略

【不安な気持ちを伝える】
・不安な気持ちを隠すのではなく、しっかり伝えることと、わからないことはしっかり聞くように意識した。

【喜びや嬉しさを共有する】
・喜びや嬉しさを感じた場面はすぐに保育者の方に報告して共有するようにした。

【具体的なエピソードとして伝える】
・何があって、どういったところが嬉しかったのか理由や過程も含めて、具体的なエピソードとしてしっかり伝えることを意識した。

【感謝の気持ちを言葉で伝える】
・保育者の方に頂いたアドバイスを生かして子どもと接して、前回より良い方向に進んだ時、素直に感謝の気持ちを言葉にして伝えることを意識した。

保育者に対する感情管理方略は、子どもに対する内容と比べ、言語的なアプローチが主な方略であった。特に、不安といったネガティブ感情も喜びや感謝といったポジティブ感情も、実習園の保育者に伝えることが意識されていることがわかる。実習を通した保育者との出会いは、保育職の現実体験と関係構築の機会になり、出会いの在り方が、実習内容の質に大きな影響を与える（谷川，2010）とされる。保育学生が不安を隠さずに、わからないことについては即座に尋ねるという態度は、保育者として協働的に保育をしていく上で重要であり、実習園の保育者との良好な関係を築く上でも必要な姿勢である。

(2) 感情経験を捉え直すリフレクション
1) 経験から学ぶプロセス

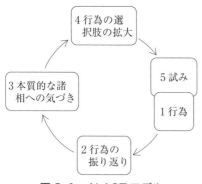

図9-1 ALACTモデル
(コルトハーヘン, 2010, 54頁)

オランダの教師教育者であるコルトハーヘン (2010) は、「省察」（ここでは実践の振り返りを指し、リフレクションと表記する）をより精緻化したALACTモデルを提示している（図9-1）。ALACTモデルは、行為と省察が交互に行われる、経験による学びの理想的なプロセスを5つの局面に分けたものとされる。第1段階は行為で、第2段階で行為を振り返る。ALACTモデルの特長は、第3段階の本質的な諸相への気づきにあるが、これに至る適切な振り返りが必要とされる。気づきを経て、次の第4段階で、行為の選択肢の拡大につながり、さらに第5段階に至る。コルトハーヘン (2010) は、適切な振り返りを促す有効な8つの問いを提示している。学生と子どもがともに経験した1つの出来事について、それぞれの立場から、「何をしたか？」「その時何を考えていたのか？」「どう感じたか？（不安、嬉しいなどその時の感情）」「本当は何をしたかったのか？」などを問うことで、子どもの行為の意味や子どもに対峙した学生の願いや葛藤、さらに子どもとの思いのズレに気づくことを促すものとなっている。

2) 子どもとの思いのズレに気づく

ここで、実際に8つの問いを用いて幼稚園実習のリフレクションを行ったインタビュー調査の結果（表9-1）を紹介する（井上, 2023）。Zさんは、「本当は何をしたかったのか？」という欲求や願いの回答について、子どもと自分（実習生）を比較した時に、「Aちゃんは"お誕生日会っていうもの"をしたいけど、私は"今、保育室で始まっているお誕生日会"に参加できるようにしたいっていうところで、そこが食い違ってたのかもしれない。その点が今回の一番振り返りで重要な点かなと思いました」と語っている。Zさんは、Aちゃんを一人で対応する不安もあり、またAちゃんの誕生日会に参加したいという思いを実現し

表9-1 Zさんのリフレクションシート

《出来事》午前の自由遊び時間に保育室でAちゃん（3歳女児）は友だちとトラブルになり泣き叫んでいた。そこで私は、Aちゃんとその友だちの仲介をしたが、Aちゃんは、ずっと泣いていた。この日は、お誕生日会が予定されており、Aちゃんが泣いている間に会が始まってしまった。Aちゃんは、お誕生月の子の1人であったが、誕生日会の輪の中には入りたがらずずっと泣いていた。私はAちゃんと手を繋いで歌を歌いながら、廊下を散歩することにした。するとAちゃんは少しずつ落ち着いてきて「楽しくなってきた」とつぶやいたため、保育室に戻ることにした。しかし、保育室に入ると、Aちゃんは、また泣き始めてしまった。

	子ども	実習生
何をしたか？	保育室の入り口に座り込んで泣いた。	Aちゃんの横に座り、寄り添った。
その時何を考えていたか？	お誕生日会、自分もできるのだろうか。	まだお誕生日会をしている途中。もう少し長めに廊下で落ち着く時間をとった方がよかったのかな。
どう感じたか？	お誕生日会に参加したいのにできなくて<u>悲しい</u>。	<u>不安だった</u>。Aちゃんの落ち着くペースを十分理解できていなかったか。Aちゃんが落ち着いた時に、お誕生日会をできたらいいという<u>期待</u>。
本当は何をしたかったのか？	お誕生日会に<u>参加したかった</u>。	Aちゃんが廊下を歩くことで落ち着いてお誕生日会に参加できるようにしたかった。

たいとの思いから、泣きが落ち着くまで多少は焦る気持ちを感じながら寄り添っていたこともうかがえる。このように実習後のリフレクションを通して、子どもと自分の不安や嬉しさなどの感情、さらには願いや欲求に焦点を当て出来事を振り返ることで、実習中には気づかなかった視点で子ども理解が深まり、専門家としての成長につながっていくのである。

5. 結　　論

　本章では、実習中のエピソードや実習後の調査結果を通して、保育学生の感情経験及び感情経験を通した学びについて論じてきた。保育学生は子どもにかかわる中で、時に不安や緊張を抱え、時に嬉しさや感動を得るなど多様な感情経験を

通して、子どもの理解、専門的知識や技術、使命感や心構えなどの専門性を学んでいる。また、保育学生は子どもとの応答関係の中で紡がれた感情経験を通して、保育の現場は人（自分）が人（子ども）とともにあり、共に育ち合う場であるということも学んでいる。

このような豊かな感情経験をもとに、感情管理やリフレクションを通して、自身の在り方を客観的に捉え直すことが必要である。保育学生は子どもの心に働きかけるために、あるいは実習園の指導保育者に積極的にかかわるためにどのようにふるまえばよいのかという自身の感情管理の在り方を学んでいる。また、自分は何をしたのか、子どもが本当は何をしたかったのかなどと振り返ること、つまりリフレクションを通して自身の保育の在り方について学んでいる。

以上のように、豊かな感情経験とその客観的な捉え直しが、専門家としての成長につながっていくといえる。

文献

榎沢良彦『津守保育論と愛育養護学校発達 160 Vol.40』ミネルヴァ書房，2019

ホックシールド，A., R., 石川准・室伏亜希（監訳）『管理される心―感情が商品になるとき―』世界思想社，2000

井上結衣「保育学生の実習を通した学びを深める省察方法の検討―コルトハーヘンの9つのエリアを用いて―」『福山市立大学教育学部児童教育学科卒業論文』，未刊行，2023

伊佐夏美「教師ストラテジーとしての感情労働」『教育社会学研究』，84，2009，pp.125-144

神谷哲司「本学保育士養成課程における学生の初期キャリア形成に資するカリキュラムの検討」『鳥取大学地域学部紀要』，5（2），2008，pp.141-156

コルトハーヘン，F.（編著），武田信子（監訳）『教師教育学― 理論と実践をつなぐリアリスティック・アプローチ― 』学文社，2010

厚生労働省，『指定保育士養成施設の指定及び運営の基準について』，2018

草信和世「保育者は子どもの「気持ち」に響き合う存在」，諏訪きぬ（監修），戸田有一・中坪史典・高橋真由美・上月智晴（編）『保育における感情労働：保育者の専門性を考える視点として』北大路書房，2011，pp.52-53

中坪史典「保育者の専門性としての感情的実践に関する研究動向」『広島大学大学院教育学研究科紀要第三部教育人間科学関連領域』，60，2011，pp.241-248

高橋真由美「遊びを支える営みにおける保育者の感情労働」諏訪きぬ監修・戸田有一・中坪史典・高橋真由美・上月智晴編『保育における感情労働：保育者の専門性を考える視点として』，北大路書房，2011，pp.45-51

谷川夏実「幼稚園実習におけるリアリティ・ショックと保育に関する認識の変容」『保育学研究』，48，2010，pp.202-212

津守真『子どもの世界をどうみるか　行為とその意味』，日本放送出版協会，1987

鷲田清一『大事なものは見えにくい』，KADOKAWA，2020

第10章

保育者・教師の成長

高澤健司・上山瑠津子・三山緑

　ある就職2年目の保育者はインタビュー調査の中で次のように語っていた。「まあ、しんどいとこでもあるんですけど、まあしんどいとこが大きい時もあるんですけど。いろんな人がいるなって。表裏一体ですけど、面白い、しんどいけど面白いなって思います。勉強にもなるし。人間関係のるつぼなんで、保育所って。(中略) なんか人と関わるのってしんどいけど関われんと生きていけないんで、やっぱり人って。なんかおもしろいなって思います。」(高澤他, 2018)
　また、公立小学校に勤める就職1年目の小学校教師は自分の授業実践について次のように語っていた。「算数は、パターン化ではないですけど、子どもたちもパターンに慣れてくるのでしやすいですね。国語がむずかしいです、説明文はまだいいんですが。1学期の(物語文の)『お手紙』は……(人物の)気持ちを問うた際に、子どもの応答でそれはおかしいというのはなくて、算数は答えが1つですけど、反面、国語はそういう考え方も間違いでないね、という感じで。それに合わせて授業展開を変えたりというのは、スキルがなくて全然できなくて。子どもの意見をないがしろにしてしまうこともあって、もっと意見を活かせただろうな、というのは振り返りの時に思います。」(藤原他, 2017) いずれの保育者・教師とも日々の実践の中で自分の保育観や教育観と向き合い、それを言葉にして語っている。この語りをもたらし、それを自らの成長に結びつけるためにはどういった大学における学びが必要だろうか。

1. 学び続ける保育者

（1）保育の役割
1）保護者の子育てを支える

　少子化・核家族化が進行するなかで、女性の就業率（25～44歳）は年々上昇傾向にあり、加えて、乳幼児期の子どもを育てる保護者の就労状況も複雑化、多様化している。厚生労働省（2022）によると、女性の就業率と1・2歳児の保育所等利用率はともに上昇傾向にあり、保育所等利用児童数は2025（令和7）年にピークになることが見込まれている。このような状況からも、保育所・幼稚園・認定こども園における子育て支援の役割はますます大きくなっている。

　現在ではインターネットやSNSなどの普及により、保護者は、子育てについて膨大な情報を手軽に得られる一方で、身近に、直接的に育児の仕方を見たり、聞いたりする機会が少なくなっている。それにより、年齢に合った子どもへの関わり方や子育ての見通しが持ちにくくなっている。また、ヒトの子どもは、言葉も歩行も未発達な状態で誕生し、大人からの適切な養育を通して身体的、精神的、社会的な成長発達をしていくが、その過程は日々の小さな変化の積み重ねである。保育施設利用が高まることで、保護者は日々の子どもの成長発達に触れにくく、また捉えにくくなることも懸念される。

　保育所保育指針（厚生労働省，2018）の第4章子育て支援では、「ア　保護者に対する子育て支援を行う際には、（中略）保護者の気持ちを受け止め、相互の信頼関係を基本に、保護者の自己決定を尊重すること」「イ（中略）保育所の特性を生かし、保護者が子どもの成長に気付き、子育ての喜びを感じられるように努めること」と示されている。このように保育施設には、保護者と子どもの育ちを支え合う信頼関係を築くなかで、子どもが園生活を通じて育つ姿を専門的な知識と判断をもって伝えることが必要である。そして、何気ない子どもの姿の中に表れる成長発達を見取り、子育ての喜びを感じられるよう支援していくことが求められる。そのためには、保育者が乳幼児期の子どもの成長発達について理解し、専門家としての資質能力を養うことが重要になってくる。

2）子どもの園生活を支え、ともにつくる

　日本の幼児教育の父と呼ばれる倉橋惣三（1882-1955）は、子どもにとっての保育を、「生活を、生活で、生活へ」という象徴的な言葉で表現している。これは、家庭との境目のない自然な形で園生活をスタートさせ、保育者が配慮し用意した設備のもとで生活を生活として味わい、充実感を得て子ども自身が成長を実感していくような生活へと導かれていくことと解釈される（上垣内，2010）。つまり、保育者は、子どもの生活を支え、子ども自らが生活をつくる主体になることを支えていく存在であり、多岐にわたる専門的知識や技術が求められるのである。保育所保育指針解説（厚生労働省，2018）においても、保育者に必要な知識・技術が6つ示されている。

（2）保育の基盤としての子ども理解と省察
1）子どもを理解するということ

　子どもにとって保育所・幼稚園・こども園は、一日の大半を過ごす生活の場である。その中で、保育者は様々な子どもの姿に出会い、その時々に応じて、「その子」に寄り添いながら援助していく。保育実践は、「子ども理解」を起点として、保育の「計画」を立て、「実践」を展開し、「省察」を通して新たな子ども理解につながるという循環的な営みであり、この循環を通して保育者の専門性は向上していくとされる（中坪，2019）。では、ここで、保育現場で保育者がどのように子どもを理解しているのか、担任保育者が書いたエピソードをもとに説明する。

　6月上旬の保育室。Aちゃん（4歳男児）は、少し内気で自分から友だちの遊びの中に入っていくことは少ない子だった。クラスの友だちがごっこ遊びをしている横で、一人で積み木遊びや絵本を読んでいることも多かったが、Aちゃんの表情からは、一人で遊ぶ時間を満足しているようであった。ある時、いつものように絵本を読んでいたAちゃんの様子を見ていると、折紙で紙ひこうきを作っている子どもたちの様子を気にしている姿があった。私は、Aちゃんに「みんなと一緒に紙ひこうきを作ってみる？」と声をかけた。すると、Aちゃんは、「うん」とうなずいたので、一緒に絵本を棚にしまい、手をつないで紙ひこうきを作りに行くことにした。

何気ない日常のエピソードであるが、保育者の子ども理解について2つの重要な視点を含んでいる。1つ目は、子どもの姿を「見る」ことの深まりである。保育者は、Aちゃんの姿から内気さや遊びの様子など、外面的に見える部分を捉えはじめ、Aちゃんの様子を見続ける中で、遊びの満足感や周囲への興味関心といった内面的な部分を深くきめ細やかに捉えるようになっている。このように、保育者が子どもを理解する過程では、まず「見る」ことから始まり、次第に子どもの姿を「見分ける」ようになる。例えば、同じ子どもの「泣き」でも、食事や睡眠時などの生理的欲求を満たすため泣きなのか、あるいは友だちに対して上手く意思疎通ができないことへの葛藤の泣きなのか、子どもにとって「泣き」の意味は異なる。さらに、見分けられた子どもの姿を「見つめる」ことを通して、子どもの行動の意味や背景を「見極める」ようになり、子どもの状況や心情に寄り添った適切な関わりができるようになる。

　2つ目は、保育者が子どもを理解することは、「間主観的（intersubjectivity）」な理解である。保育者の子ども理解を深めるための方法としてエピソード記述を提案した鯨岡（2015）は、「間主観性とは、『私』の主観に『あなた』の主観のある状態が分かるといったことだ。（中略）子どもの気持ちが私自身の身体に伝わってくるように分かってくる。相手の主観内容（気持ちや思い）が私の主観の中に入り込んでくるという私の得た実感を『間主観的に分かる』と表現してみた」と述べている。エピソードの中で、Aちゃんは「楽しい」や「遊びたい」といった言葉は発していない。しかし、保育者は、Aちゃんの表情や様子からその気持ちや思い（Aちゃんの主観）をわかろうとする中で、周囲の子どもと遊びたい気持ちを読み取り、「みんなと一緒に紙ひこうきを作ってみる？」という遊びへの誘いをしたのである。いくら保育経験を積んだとしても、「その子」を完全に理解することはできない。しかし、保育者は子ども一人ひとりの世界や想いを理解しようとし続けることが必要なのである。

2）実践を問い直す省察

> 　子どもが帰った後、その日の保育が済んで、まずほっとするのはひと時。大切なのはそれからである。子どもといっしょにいる間は、自分のしていることを反省したり、考えたりする暇はない。子どもの中に入り込みきって、心に一寸の隙間も残らない。ただ一心不乱。子どもが帰った後で、朝からのいろいろのことが思いかえされる。われながら、はっと顔の赤くなることもある。しまったと急に冷汗の流れ出ることもある。ああ済まないことをしたと、その子の顔が見えてくることもある。一体保育は…一体私は…。とまで思い込まされることもしばしばである。大切なのは此の時である。此の反省を重ねている人だけが、真の保育者になれる。翌日は一歩進んだ保育者として、再び子どもの方へ入り込んでいけるから。
> 　倉橋惣三（2008）育ての心（上）より「子どもらが帰った後」

　学び続ける専門家には、自らが行った実践を振り返る「省察」が不可欠である。保育実践の後に行う省察では、子どもへの関わりや対応とともに、活動の展開や環境構成も含めて、その妥当性や是非を問い直すことであり、実践中には気づかなかった子どもの姿や保育への気づきを促していくものである。省察を通して、保育者は、子どもが見せる様々な姿を成長と捉える価値志向的に理解するようになり、また子どもの姿を保育全体の中に位置づけ、保育者自身の行為と関連づけながら理解する志向性をもつようになる（池田，2015）。

3）協働的な省察と保育の質の向上

　保育実践の省察の方法としては、保育日誌やエピソードを「書く」こと、それらをもとに保育者同士で「語る」ことが挙げられる。特に、保育現場では、保育や子どもについて理解を深める場を「保育カンファレンス」と呼び、保育者同士の語り合いを通した省察による保育の質の向上に取り組まれている。保育カンファレンスでは、保育記録やエピソードをもとに様々な年齢や子どもの姿を取り上げ保育者同士が意見交流を行う。保育カンファレンスの流れとしては、①保育記録の視聴、②状況の確認、③関わりの評価、④課題の発見、⑤展開の可能性の過程があり、それぞれが持ち寄った事例に対して意見を出し合いながら、語ることを通して、子どもや保育を客観的に捉え直す機会となっている。また、フォー

マルな場での語り合いだけでなく、職場で気軽に交わす世間話といった雑談は、保育上のストレス反応を低減させ、子どもの姿や成長、保育への思いを語るような雑談は、共有や共感の喜びを促進し、最終的にストレス反応を低減させることがわかっている（岸本・藤，2020）。このように、保育者同士で子どもや保育について語り合える関係性や職場風土を作っていくことも保育の質の向上において重要になってくる。

2. 学校教師の成長

（1）長い教職人生

学校で教育の職に就く、すなわち学校教師になるには、通常大学4年間の間に必要最低限の知識と技術を身につけ、教員免許状を取得し、教員採用試験に合格するという要件をクリアしなければならない。しかし、言うまでもなく、学校教師になるまでの時間よりも、学校教師となって働き始めてからの時間の方が圧倒的に長い。教職人生は、常に学び、自らの資質能力を向上させていくことを求められる数十年間でもある。こうした長い教職人生を思えば、学校教師の学びと成長をトータルでサポートするという「教師教育」の考え方が必要であるとわかるだろう。

では、学校教師はどのような学びと成長を期待されているのだろうか。以下、教員養成制度と研修制度から見ていこう。

1）大学における教員養成

日本の学校で教師の職に就くには、それぞれの校種の教員免許状の取得が必須となる。すなわち、幼稚園教諭、小学校教諭、中学校教諭、高等学校教諭、そして特別支援学校教諭の免許状である。教員免許状は都道府県教育委員会が授与するが、大学等に開設されている教員養成課程、教職課程の科目の単位等を順当に修得し、その他免許状取得要件を満たしていけば、卒業時に学位記とともに校種別の普通免許状が授与される。こうした教員免許状の制度は、1949（昭和24）年制定の教育職員免許法という法律によって定められており、教員養成は大学において行うのが原則とされている。理由は、子どもたちの教育を担う学校教師には、大学での学問探究を通じて広く豊かな教養と批判的精神を身につけることが

求められたからである。

　ただ、教育職員免許法は制定から75年が経過し、その間法改正を重ねて免許状取得要件も変化してきている。特に、現代社会においては社会構造が多様化、複雑化しており、学校教師に期待される役割と責任も増している。それゆえに、学校現場に出る前に大学等で修得するべき科目等の単位数が増加傾向にある。また、養成教育の内容と質も変化、多様化している。具体的には、1997（平成9）年に導入された小・中学校免許状取得希望者の「介護等体験」（社会福祉施設5日間、特別支援学校2日間の計7日間の介護等の体験）、2010（平成22）年度に新設された「教職実践演習」（4年次後期必修）、2019（平成31・令和元）年に導入された「コア・カリキュラム」などにそれが見て取れる。学校教師を志す者には、これらの学びを通じて資質能力を開発し、幼児・児童・生徒の学習指導にとどまらず、生活指導・生徒指導、特別支援教育、同僚や地域社会との連携・協力においても、その力を発揮することが望まれているのである。

2）学び続けるための多様な研修機会

　国際労働機関（International Labour Organization：ILO）とユネスコ（United Nations Educational, Scientific and Cultural Organization：UNESCO）が共同で作成し、1966（昭和41）年にユネスコ特別政府間会議において採択された「教員の地位に関する勧告」において、「教職は、専門職と認められるものとする。教職は、きびしい不断の研究により得られ、かつ、維持される専門的な知識及び技能を教員に要求する公共の役務の一形態であり、また、教員が受け持つ生徒の教育及び福祉について各個人の及び共同の責任感を要求するものである」（文部省「教員の地位に関する勧告（仮訳）」（1966年）より）と明記されたように、国際的に学校教師は専門職であると定義された。

　大学での養成教育のみを頼りにして数十年に及ぶ学校教師の職務を全うすることは困難であり、専門職としての社会的評価を維持するには日々の学修や研鑽が不可欠である。そうした認識から、我が国においても教育公務員特例法という法律に基づいて、初任者研修制度と10年経験者研修制度（現在は中堅教諭等資質向上研修）が創設された。これらの研修制度は、全国の公立学校教師に対して一律に義務づけるものだが、公立学校教師の任命権者や服務監督者となる教育委員会（都道府県、指定都市、市町村にそれぞれ設置）には、そのための研修計画の

立案と実施、実施に当たっての指導助言者となること等が義務づけられている（教育公務員特例法第20条）。

一方、1988（昭和63）年には専修免許状制度、2001（平成13）年度には大学院修学休業制度、2008（平成20）年度には教職大学院制度が導入された。これにより、学校教師が現職の身分を保持しつつ、大学院においてさらなる専門性を身につける機会も広げられてきた。

3）学校教師としてのキャリア形成

一般的に、学校教師のキャリアは初任者、若手、中堅、管理職といった区別で説明される。旧教育職員養成審議会の第3次答申「養成と採用・研修との連携の円滑化について」（1999（平成11）年）によれば、初任者とは教科指導、生徒指導等を著しい支障が生じることなく実践でき、一通りの職務遂行能力を有する段階、その次に若手や中堅は、学級・学年運営、教科指導、生徒指導等の在り方に関して広い視野に立ちつつも、初任者や経験の浅い教員の指導的役割を担い、企画立案、事務処理等の資質能力を有する段階としてイメージされている。そして、管理職と位置づけられる校長や教頭はそうした段階を経験した上で、学校経営を担うことが期待されている。

ただ、これらはあくまで国が示した一例にすぎない。すべての学校教師が管理職に就けるわけではないし、初任者の中には採用前に臨時的任用教員を経験してすでに十分な実践的指導力を有している者もいる。その一方で、「民間人校長」など、学校現場の経験を持たずして管理職になる者や、民間企業等で勤務したのち、教職を目指す者もいる。特に、近年は深刻な教員不足を補うべく、いわゆる「ペーパー・ティーチャー」を採用する動きもある。こうした実情を見るにつけ、多様なバックグラウンドと経歴を持つ学校教師の成長曲線を、一般化できないことは容易に想像できる。

研修機会を保障する教育委員会に求められることは、厳しい学校現場の現状を見据えつつ、力量もバックグラウンドも多様な学校教師の存在を前提とし、個々の特性を生かして「個別最適」な成長の道筋を描き、支援をしていくことだといえる。

(2) 学校教師の成長を支えるもの
 1) 省察 (reflection) という概念
　学校教師にとって、教科・科目の内容に関する知識が問われることはもちろんだが、それだけでは授業は成り立たない。子どもが主体的に学び、知識を獲得したり思考したりできるよう授業を展開する力量が求められる。ただ、その力量はどうすれば身につき、また向上するのか、言葉で説明することができない「暗黙知」の一種であるとも言われている。「暗黙知」とは、ポランニー（Polanyi, M., 1966.）が示した概念で、人の顔を識別することや言語を使用すること、自転車に乗る技術など、見よう見まねで訓練したり、気づいたらできるようになっていたりする知識や技術を指す。「経験と勘」という表現に置き換えることもできる。
　では、そうした「暗黙知」は、日々教壇に立ち続けることで自然と身につくのだろうか。実践が学校教師を成長させることは確かだが、そのためには「省察（reflection）」という過程が不可欠なのである。ショーン（Schön, D. A., 1984.）は、専門的職業に就く者は、与えられたマニュアルを道具的に用いているのではなく、「行為の最中に驚き、それが刺激となって行為についてふり返り、行為の中で暗黙のうちに知っていることをふり返る」（ショーン，D. A., 柳沢・三輪（監訳），2007，p.50）ことで新たな知を生成する、「省察的実践家（reflective practitioner）」であると指摘した。そして学校教師も、想定外の生徒の反応に直面しても、既存の授業計画を退け、目の前の生徒の潜在能力や直面している問題を察知し、その理解度に応じた計画へと瞬時に変更する「省察的実践家」なのである。
　一方、省察のプロセスを定式化し、そのプロセスをいかにして定着・習慣化させるかを重視したのが、コルトハーヘン（Korthagen, F. A., 1985.）である。コルトハーヘンは、教育実習生が自らの実践を省察するプロセスを、ALACT モデル、すなわち①行為（Action）→②行為の振り返り（Looking back on the action）→③本質的な諸相への気づき（Awareness of essential aspects）→④行為の選択肢の拡大（Creating alternative methods of action）→⑤試み（Trial）という過程で説明した。児童・生徒に対し何らかの「①行為」をした後、「②行為の振り返り」をするが、このときうまくいかなかったことに対し小手先の対処法だけで解決しようとするのではなく、問題状況の根本を探って「③

本質的な諸相への気づき」まで到達することが重要となる。なぜなら、それによって実習生の「④行為の選択肢」が拡大し、さらなる「⑤試み」が可能となるからである。

　ALACTモデルをはじめ、省察は教育実習の時だけの実践ではなく、むしろ長い教職人生の核となって発現するよう、養成段階で定着を図ることが求められている。そのため、欧米では、長い教職生活を見据えたサポートの一環として、大学等の高等教育機関で提供される教員養成プログラムにおいても、教育実習生の省察を援助するメンター（mentor）などが配置されている。我が国においても、中央教育審議会答申「教職生活の全体を通じた教員の資質能力の総合的な向上方策について」（2012（平成24）年）で、「学び続ける教師」の育成が課題として挙げられており、養成・研修の様々な場面で省察の試みがなされている。

2）学校教師の成長を支える学びの共同体

　学校教師の成長に不可欠な省察は、単に学校教師個々にとっての「成功」のみに結実するのではなく、学校全体ひいては地域社会全体の発展と軌を一にすることも求められる。換言すれば、児童・生徒の教育の質が向上し、学校と地域社会全体も活性化するように、学校教師の日々の努力が方向付けられていくことが望まれる。その一方で、直面する問題状況を解決する「マニュアル」や「正解」を他者から得られない以上、学校教師は自らの手で解決方法を生み出すしかない。その過程はおのずと試行錯誤の繰り返しになるが、重要なことは、学校教師自身が目の前の問題状況、難問に粘り強く取り組む意欲と姿勢を維持することであり、また、そんな学校教師の試行錯誤を許容しサポートする環境を、学校に関わる者たちによっていかにして作り上げるかである。

　センゲ（Senge, P. M, 2012）は、変化の激しい今日の世界において、学校を「教える」組織から「学習する学校（Schools That Learn）」へ転換することを提唱した。それは、学校（学校システム）は標準化された学力を追い求めることをやめ、自らを取り巻く地域と協働して固有の課題に取り組むこと、その営みの中で学校改善を目指すというものである。教室に集う児童・生徒は、地域社会の一員として固有の課題や文脈の中で生活する存在でもある。そして、彼らの背負う課題を解決しようとする営みは、個別最適化された学習教材ともなりうる。学校教師は、これを効果的に教育目標として設定し、授業に取り入れることで、児

童・生徒の学ぶ姿勢が作り出され、それが変化の激しい時代を生き抜くための不可欠な力となっていく。

他方、児童・生徒にとってより良い教育を提供できるよう、学校教師が省察を繰り返すことも、「学習する学校」の要件である。それには、他の教員スタッフ、校長、教育長といった教育行政関係者等も交えた授業研究、校内研修を実施するなど、学校教師の省察を促す環境作りが求められる。そして、ここで大事なことは、教室、学校（学校システム）、コミュニティの当事者たちが、相互依存的関係性にあり、互いに切り離された環境において成長発展することは不可能だと認識することである。そして、地域社会と調和しつつ学校教師の成長をもたらす学校経営と、試行錯誤や「失敗」を許容する寛容さが、求められる。

3. 保育者・教員としての育ち

（1）初任者は何をとらえて現場にのぞむのか

四年制大学で保育や教育について学び、保育や学校の現場で働く方々は、現場をどのようにとらえているのだろうか。ここでは、保育者や教員となった卒業生を対象とした縦断的研究から、大学における学びが現場での保育や教育でどのように活かされているのか考えてみたい。

（2）保育現場の初任者研究から

高澤他（2018）は、2015年3月に卒業し、中国地方の公立保育所に就職した保育士を対象に、就職1年目と就職2年目にインタビュー調査をした。

「仕事から身についた知識や技能」において、就職1年目では、職場の働き方に慣れるとともに、保育実習では経験できない保護者対応について仕事をしながら身につけていくことが見ることができた。就職2年目では、自分の仕事に対する自己評価に対する認識の変化が見られたことや、子どもの発達を踏まえた保育の必要性、子どもの発達を踏まえて子どもの反応をとらえることがあげられた。これらをふまえ、就職2年目で自分の保育について振り返った上で、今後の自分の保育に何が必要なのか考えるようになったことがうかがえる。

次に「保育の仕事についての今後の見通し」では、就職1年目では仕事自体に

慣れていないことや、先輩保育者を見て保育の大変さを実感するといった発話が見られた。就職2年目では、1年間の保育者生活を経たことによって年間の動きがわかってくることや、子どもの育ちを見ることを通して保育の仕事自体の楽しさを感じるといった発話があった。

そして「保育の面白さ」では、就職1年目、2年目を通して、子どもの育ちや成長をじかに見て感じとることができることや、行事や教材などを通して子どもと楽しさや面白さを共有することができることがあげられた。また、不安な点とされていた保護者との関係においても、子どもの成長を保護者と共有することが保育の面白さにつながっているといった発話を見ることができた。

ここまで初任保育者への調査から、就職1年目と2年目における保育という職業への意識について考えられることは、子どもを育てることを通して得られる喜びや面白さがある一方で、保育者としての自分をしっかり考えた上で、保育者としての見通しを立てることができるようになっていくことが重要なこととしてあげられたことである。また、このように自らの保育を振り返ることで、これから保育者としての自分にとって何が必要かに気づく姿が見られ、それが保育の仕事への動機づけにつながっていることが示された。

(3) 学校現場の初任者研究から

藤原他（2017, 2018）や藤原（2019）などでは、大学卒業後から入職3年目までの初任期教師を対象とした事例研究を行い、実践知の形成を観点とした初任期教師の成長過程について検討している。

入職後1年目から2年目や3年目にかけては、子どもに応じて活動を変更することや、子どもたちと話し合って活動内容を向上させる、そして子どもたちに自分たちの活動をビデオに撮って、それを見ながら子どもたちにどこを直したら良いのか振り返りを促すことが見られた。このように子どもたちに振り返りを促しつつ活動の向上を図るといったことから、「実践における創意工夫のスタンス」が形成されることが示された。

そして、就職2年目から3年目にかけては、国語科において「こんな道具があったらいいよね」と子どもに絵を描かせて道具についてのアイデアの交流をすることなどが見られたことから、授業を通して子どもの自己表現を励ます様子を

聞き取ることができた。また、授業において多様なアイデアや解を引き出すことから、子どもから多様な発想を重視するといった実践が見られるようになった。これらのことに対して「楽しさ」が新たに出てきて、この「楽しさ」という観点からの意味付けがあり、それまでの創意工夫のスタンスと重なりつつも、「楽しさを軸とした実践の志向」が形成されることが示された。

　これらの事例から、実践知形成には新たな側面が出現する生成的形成と、既存の側面の意味が変化する変容的形成が示された。さらに生成的形成には既存の側面と重なる派生的生成と既存の側面とは独自に生成される新生的生成があり、変容的形成には既存の側面の意味が明確になる拡張的変容と、既存の側面の意味が転換する再構築的変容があることが示された。これらの実践知形成の要因として、判断を対象化するリフレクションの構えの育成が重要であり、実践知の新たな側面の新生的生成だけでなく、既存の側面を前提とした派生的生成も重なることで授業関係の力量の向上につながることを示した。

（4）「振り返る」ことの重要性

　ここまでリフレクションや省察という言葉が出てきたように、リフレクションは保育者や教育者において自身の成長のために必要とされるものである。これは、自分の行動や子どもたちの動きがなぜそういう動きとなったのか、そのとき自分は何を考えていたのかを踏まえ、それを次の行動や活動につなげていくことに振り返ることの意味がある。今後も生成型 AI などの発展により、一から自分で考える機会は少なくなっていくかもしれない。しかし、だからこそリフレクションや振り返りを通じて「なぜ」を考えることをできることが、新たな気づきやアイデアにつながり、人が人を創造的に育てることの強みにつながっていくと考えられる。また、こうした育みが保育や教育における「面白さ」の発見につながるかもしれない。

文献

藤原顕・森美智代・濵原泉「新人教師の実践知の形成：福山市立大学教育学部卒業生を対象とした事例研究」『福山市立大学教育学部研究紀要』, 5, 2017, pp.83-94

藤原顕・森美智代・濵原泉「初任期（2年目）の実践知の形成：福山市立大学教育学部卒業生を

対象とした事例研究」『福山市立大学教育学部研究紀要』，6，2018，pp.83-96
藤原顕「初任期（3年目）の実践知の形成：福山市立大学教育学部卒業生を対象とした事例研究」『福山市立大学教育学部研究紀要』，7，2019，pp.103-115
池田竜介「日常の保育実践における保育者の子ども理解の特質―保育者が子どもを解釈・意味づけする省察の分析を通じて―」『保育学研究』，53（2），2015年，pp.116-126
上垣内伸子「「さながらの生活」から始めることが幼児教育の原点」『幼児の教育』，109（4），2010，pp.9-11
岸本直美・藤桂「保育所における雑談が保育士のストレス反応に及ぼす影響」『心理学研究』，91（1），2020，pp.12-22
コルトハーヘン，F. A. J.（編），武田信子（監訳）『教師教育学―理論と実践をつなぐリアリスティック・アプローチ』学文社，2012
厚生労働省「第2章担い手不足の克服に向けて」『令和4年度版厚生労働白書』（https://www.mhlw.go.jp/stf/wp/hakusyo/kousei/21/backdata/01-02-01-06.html）（2024年3月31日閲覧）
厚生労働省『保育所保育指針解説書』フレーベル館，2018
鯨岡峻『保育の場で子どもの心をどのように育むのか―「接面」での心の動きをエピソードに綴る』ミネルヴァ書房，2015
倉橋惣三「育ての心（上）」，津守真・森上史朗（編）『倉橋惣三文庫3』フレーベル館，2008，p.49
中坪史典「保育の方法をBrushUpする〈4つの専門性〉」，小田豊・中坪史典（編著）『幼児理解からはじまる保育・幼児教育方法第2版』建帛社，2019，pp.1-6
佐々木司・三山緑（編）『これからの学校教育と教師―「失敗」から学ぶ教師論入門―』ミネルヴァ書房，2014
センゲ，P. M.（編），リヒテルズ直子（訳）『学習する学校―子ども・教員・親・地域で未来の学びを創造する―』英治出版，2019
ショーン，D. A.（著），柳沢昌一・三輪健二（監訳）『省察的実践とは何か―プロフェッショナルの行為と思考―』鳳書房，2007，p.51
高澤健司・山田真世・上山瑠津子・田丸敏髙「若手保育者の成長過程に関する基礎的研究」『福山市立大学教育学部研究紀要』，6，2018，pp.55-66

第11章

社会教育施設と学校

渋谷清・古山典子・林原慎

> A先生は、小学校6年生の担任です。年間指導計画を立てるにあたり、どうやったら子どもたちの学びをより充実したものにできるのか悩んだ末に、教頭先生に相談をしました。すると、教頭先生から、
> 「この街には、とても豊富な教育の資源がたくさんありますよ。その一つは社会教育施設です。つまり、美術館、音楽ホール、博物館や資料館です。6年生たちにはできるだけ社会教育施設を有効に活用して、体験的に学ばせてください。きっと、子どもたちの学びの世界が広がり、学びの質は深まりますよ。」
> と、言われました。
> しかし、教員経験が少なく、はじめて6年生の担任をするA先生には、どうやって社会教育施設を子どもたちの学びに結び付けていったら良いのかまったく分かりません。

1. 問題の所在

「小学校学習指導要領（H29）解説総則編」には、社会教育施設に関連する記述がある。具体的には「主体的・対話的で深い学びの実現に向けた授業改善」において、「地域の図書館や博物館、美術館、劇場、音楽堂等の施設の活用を積極的に図り、資料を活用した情報の収集や鑑賞等の学習活動を充実すること」と明

記されている。

　しかしながら、実際にはどのようにこれらの社会教育施設を活用してよいのか、現場の教師には見当がつかない場合がある。2020年度から2022年度にかけて新型コロナウィルスの感染対策によって学校行事や課外活動が大幅に縮小されたり、制限されたりした。そのようなことも相まって、これまで蓄積されてきた学校と社会教育施設との連携に関するノウハウが失われてしまった部分も多い。併せて、新しい学力観に基づいた学びを充実させるために、地域にある社会教育施設を児童の学びの場とすることが求められている。では、一体、社会教育施設をどのように活用すれば児童の学びにつながっていくのであろうか。また、その背景にあるものや、今後の可能性についてはどのようなものが考えられるのだろうか。

2. 美術館と学校

(1) 美術館とは？―求められる学校教育との連携

　文化庁の報告書「21世紀に向けた美術館の在り方について」によると、美術館とは「研究・教育・楽しみの目的で美術作品及び関連資料を収集し、保存し、研究し、利用に供し、また展示を行うことを通じて、社会とその発展に貢献する公共の非営利常設機関である」とされている。美術館は、美術作品の恒久的な収集・展示の場であると同時に、展覧会、講演会等を通じて教育・普及の活動を展開する場でもある。そこでは収蔵作品や関連資料についての学術研究、収集・展示、保存・修復、教育・普及に関する研究等が行われているのである。

　そして利用者の側から見れば、美術館という「美」が集約された空間の中で、優れた美術作品に直に触れ、深い感動を覚えることにより、豊かな感性を育てる場であるとともに、知的欲求を充足する場であるともいえよう。

　また「小学校学習指導要領（H29）解説図画工作編」には、学校教育との積極的な連携も求められていて、文化芸術に関する学校教育の充実に向け、美術館との実質的な連携や利活用が不可欠であるとされている。美術館において児童・生徒が美術作品を直接鑑賞する機会が得られるようにしたり、作家や学芸員と連携したりして、可能な限り子どもたちの多様な鑑賞体験、学習体験の場を設定する

ことが期待されているのである。

（2）美術館の役割―さまざまな展覧会

　図画工作の教科書にも中学年から高学年にかけて、美術館などに所蔵されているようないわゆる美術作品の掲載図版が見られるようになる。「小学校学習指導要領（H29年）解説図画工作編」でも「鑑賞の指導に当たっては、児童や学校の実態に応じて、地域の美術館などを利用したり、連携を図ったりすること」と内容の取扱いで示されている。では、美術館を利用した鑑賞活動や美術館との連携をどうやって進めたらいいのだろう。そのためには、まず美術館の持つ役割やどのような施設なのかということを知っておく必要がある。

　美術館でまず思い浮かぶのは、美術作品の展示会場としての役割であろう。美術館では、特別展・企画展、常設展・所蔵品展、オープンギャラリー等での各種展示など、実にさまざまな展覧会が年間を通して開催されている。展覧会には展示内容により大きく3種類に分けることができる。1つ目は「企画展」「特別展」といわれる美術館の学芸員が展示テーマを考えて構成した展覧会である。展示テーマに合った所蔵作品をはじめ、国内外の他美術館や収集家（コレクター）などから作品を借りてきて、一定期間（およそ2か月くらい）展示するものである。海外から有名な美術作品を借りてきて、広告メディアを使って宣伝する大規模な展覧会も少なくない。「パブロ・ピカソ展」とか「19世紀フランス印象派美術展」といった展覧会がこれに該当する。2つ目は、「所蔵品展」「常設展」といわれる展覧会で、開催する美術館所有の作品によって構成される展覧会である。他の美術館から作品を借りてくることなく、収集方針のもとに所蔵された自前の作品で展示構成した展覧会である。特に公立の美術館では、収集方針の中に「地域ゆかりの美術」を立てる所も多く、展示作品からは、これまでその土地で育まれてきた美術文化を知ることができる。「夏季コレクション展」とか「〇〇美術館秋季所蔵品展」といった展覧会がこれにあたり、一定期間（およそ3か月くらい）で作品構成を替えて展示するものが多い。3つ目は美術愛好家はじめ、その地域の人びとによるさまざまな美術表現活動によって生まれた作品を発表展示する展覧会である。多くが「企画展」や「所蔵品展」が展示されるスペースとは別に設けられた利用可能なスペース（市民ギャラリーなど）で展示されている。こ

のスペースで行われる展覧会は、展示をする各団体が主催した展覧会であり、1週間単位で展示が入れ替わることが多い。「第15回グループ「○○」水彩画展」とか「○○市児童・生徒合同美術作品展」といった展覧会がこれにあたり、その地域の多様な美術表現活動に触れることができる。

　このように美術館には、収集した絵画や彫刻などの美術品を保管し、調査・研究してその作品を「企画展」や「所蔵品展」などの展覧会で展示公開する重要な役割を担っている。美術館で開催されているいずれの展覧会も、実物の作品を体感できる貴重な鑑賞機会であるが、中でも各館が所有する作品での「所蔵品展」や「常設展」では、近隣にゆかりある作家や作品について知ることができる。美術館を利用した鑑賞教育活動の対象としては、その地域の美術文化に対する理解を深める上で有意義であると考えられる。

（3）もう一つの役割──美術館との連携活動に向けて

　美術館には、展覧会場としての役割のほかにもう一つ大事な役割がある。それは、社会教育や生涯学習のための場所としての役割であり、美術館では展覧会を開催するにとどまらず、広く美術に親しみや関心を持ってもらうように教育普及活動も行っている。特に都道府県や市区町村が運営・管理する公立の美術館では、この教育普及活動に力を入れている所が増えており、その主な活動のひとつに展覧会に関連した「ワークショップ」がある。

　ワークショップとは、参加する人たちが考えなどを出し合いながら作り上げる体験型の講座のことで、美術館のある地域の人を参加対象としている場合が多い。館内には作品展示室の他に体験型活動に取り組む場所として、市民や地域の学校が活用できる作業場（実習室・アトリエ）や、講演や研修などが行われるスペース（講義室・ホール）などが用意されている。美術館の持つこの一面に着目することで、美術館は展覧会を観る鑑賞活動はもちろん、表現活動の場所としても連携活用の可能性は広がってくるのである。

　地域にある学外の美術館と連携しながら学習を進めるなんて、敷居が高いと感じるかもしれないが、まずは観賞活動で美術館を利用することから連携を図ってみてはどうであろうか。美術館にとっても、子どもたちが来館する「学校連携事業」は、重要な教育普及活動のひとつに位置づけられている。実際に行われ

ている教育普及活動として、ふくやま美術館（福山市）鑑賞プログラム（スクール・プログラム）を例に、具体的な連携の進め方を考えてみたい。

　ふくやま美術館の鑑賞プログラムは、学習指導要領の目標にもある「造形的な見方・考え方を働かせ、生活や社会の中の形や色などと豊かに関わる資質・能力を育成することを目指す」を踏まえつつ、児童生徒が作品を楽しく鑑賞する中で、美術作品と向き合う心を育むことをねらいに実施されている。作品との素敵な出会いが、子どもたちに新たな発見や感動体験をもたらし、貴重な心の財産となることを期待して4種類の鑑賞プログラムが用意されている。

- 「対話型の鑑賞」プログラムは、児童・生徒と学芸員・美術館ボランティアが対話を通じて、ひとつの作品をじっくり鑑賞して行く方法である。10名程度のグループに分かれて実施するこの鑑賞方法では、児童・生徒がそれぞれ感じたことを考えて、言葉にすることを促しながら、作品を細かくみる観察力や思考力のほか、コミュニケーション能力の向上も図ることができる。
- 「ガイド形式の鑑賞」プログラムは、展示されている作品やその作家に関する説明を、学芸員や美術館ボランティアが行う解説型の鑑賞方法である。作品が制作された背景や作者の人生を知った上で鑑賞すると、作品の異なる一面が見えてくる。児童・生徒の知識を深めると共に、造形活動の新たな視点やきっかけとなることが期待できる。
- 「施設見学」のプログラムでは、美術館の役割を学ぶコースとして美術館に関する説明と、バックヤード等の施設を巡りながら、展示活動を支える普段は見られない美術館の姿に触れることができる。
- 「屋外モニュメント見学」のプログラムは、美術館に用意されているモニュメントマップシートを使って、美術館の周辺に設置されているたくさんの屋外モニュメントを見学したのちに、シールを貼ってクイズに答えていく体験型の野外鑑賞プログラムである。

　すべての美術館が、このような充実した鑑賞活動の受入プログラムを用意しているとは限らないが、どの美術館においても学校教育との連携の門戸は開かれている。連携実現に向けて、まずは美術館の立てる年間スケジュール（毎年2月前後に公表されることが多い）をもとに、美術館の教育普及担当へ問い合わせてみ

よう。そして事前・事後の打ち合わせなどを通じ、児童・生徒の鑑賞活動学習活動をより豊かに展開して行く観点から、学校と美術館が活動のねらいをお互いに共有することが、重要ポイントとなることに留意したい。美術館の受入プログラムを活用しながらも、連携活動が単なる"美術館にお任せ"の活動にならないよう配慮しながら進めることが肝要であろう。

3. 音楽ホールと教育

（1）法律に見る社会教育施設と教育

　音楽にかかわる社会教育施設は、「劇場、音楽堂」に代表される。このような社会教育施設は、教育に対してどのような役割を果たしているのだろうか。

　「文化芸術基本法」（平成十三年法律第百四十八号）の前文において、「文化芸術を創造し、享受し、文化的な環境の中で生きる喜びを見いだすことは、人々の変わらない願い」であり、「文化芸術は、人々の創造性をはぐくみ、その表現力を高めるとともに、人々の心のつながりや相互に理解し尊重し合う土壌を提供し、多様性を受け入れることができる心豊かな社会を形成するものであり、世界の平和に寄与するもの」とうたわれている。その上で、「劇場、音楽堂等の活性化に関する法律」（平成二十四年法律第四十九号）の前文では、「劇場、音楽堂等は、文化芸術を継承し、創造し、及び発信する場であり、人々が集い、人々に感動と希望をもたらし、人々の創造性を育み、人々が共に生きる絆を形成するための地域の文化拠点である」とその位置づけが記されている。

　これらの条文では、「人々」と称されるわれわれ一人ひとりが、文化的な環境のなかで文化芸術と「ともにある」ことが必然の姿として描かれている。つまり、われわれが生きるということ自体が、すなわち文化芸術に触れ、創造している行為と密接に結びついているといえるだろう。

　その中で、文化芸術の拠点である社会教育施設としての音楽堂、つまり音楽ホール、文化ホール、文化会館等と呼ばれる施設は、「文化芸術基本法」において学校教育に対しても文化芸術活動の充実を図るための施策を講じることが求められている（第二十四条。このほか「劇場、音楽堂の活性化に関する法律」第十五条を参照）。

また、現在文化庁では、「子供たちの豊かな創造力・想像力や、思考力、コミュニケーション能力などを養うとともに、将来の芸術家や観客層を育成し、優れた文化芸術の創造につなげること」を目的として、「文化芸術による子供育成推進事業」を展開している。これは、具体的には小学校や中学校等に芸術家を派遣し、質の高い文化芸術を鑑賞・体験する機会を提供する事業等を指すが、ここから、社会文化施設や芸術家がその使命を負っているのと同時に、学校教育はそれを享受できる環境にあることが分かる。

（２）音楽ホールが学校教育に果たす役割

音楽ホールは学校教育とどのようにかかわり、どのような役割を果たしているのだろうか。福山市を例に見てみよう。

現在、福山市が公設している文化芸術ホールは、「ふくやま芸術文化ホール」（通称「リーデンローズ」、以下、リーデンローズとする）、「沼隈サンパル」「神辺文化会館」の３館である。これら３館は、各施設の特徴を反映した「基本方針」を掲げ、それに則って「鑑賞事業」「普及事業」「育成事業」を展開している。「鑑賞事業」とは、ホールが運営方針に沿って主催する優れた舞台芸術公演、「普及事業」とは、気軽に入場できる演奏会等（住民が出演者として参加できる公演を含む）、「育成事業」とは、将来的に鑑賞人口を増やしたり、将来の芸術家を育成したりするための取り組みを指す。

上記の３館のうち、収容人数 2,000 名超の大ホールを有するリーデンローズでは、とくに音楽鑑賞事業に積極的に取り組んでいる。リーデンローズはその基本方針の一つに、「多様なジャンルの優れた舞台芸術に触れる機会を提供（略）」と掲げている通り、質の高い公演を広域的に提供することを意図してホールの規模を生かした演奏会等を行っているが、22歳以下の若者に対しては入場料を安く設定したり、地域企業の理解・協力を得て児童・生徒に招待券を提供したりしている。また、2024年度からは「オーケストラ福山定期 Orchestra Fukuyama Concert Series」を開始しているが、年10回の公演のうち４回を、福山市・府中市内の中学２年生のための招待公演としている。これらの取り組みからも、地域の子どもや若年層の人たちに、ホールでの「生演奏」の響きを提供する機会を積極的に設定していることがうかがえる。

その中でもとくに、ホールが直接的に学校教育にかかわっている事業としては、音楽のアウトリーチ活動が挙げられる。リーデンローズでは育成事業の一環として、オーディションで選出した福山地域在住、または出身の音楽家を「登録アーティスト」としてホールに登録し、かれらを福山市内の公立小学校へ派遣する事業「音楽宅配便」を行っている。この音楽宅配便は、2023年度には51校の小学校で展開された（2024年2月現在）。

このほかにも、「リーデンローズ・バックステージツアー」や館長が参加者と音楽について語る「クラシック音楽サロン」などの企画もあり、児童・生徒を含む地域住民と、ホールという施設やホールが提供する文化芸術とをつなげる手立てを講じている。

（3）アウトリーチ活動「音楽宅配便」と通常の音楽授業とのかかわり

前項で取り上げた「音楽宅配便」では、児童にアンケート調査を行っている。そこでは、極めて多くの児童が「とても楽しかった」あるいは「楽しかった」と回答するとともに、自由記述回答では、演奏者の技術や音の迫力に驚いていたり、目の前で見る楽器に興味が喚起されていたり、アンサンブルの巧みさや音の響きの幅の広さに気づいたりする姿が見られ、「もう1回聴きたい」「いつまでも聴いていたいくらい」といった感想も散見される。

この音楽宅配便は小学生を対象としていることから、どのアーティストも教科書に掲載されている楽曲や小品を中心にプログラムを構成し、楽曲や作曲家、楽器や奏法の特徴などのレクチャーや体験を織り交ぜるなど、子どもたちが興味をもちやすいように工夫がなされている。

一方、通常の授業での音楽鑑賞は、CDや動画を視聴する形で行われることが多いのが現状である。生演奏での鑑賞は、教師や子ども自らの表現によるものを除けば、音楽宅配便のようなアウトリーチによる音楽鑑賞教室に参加するよりほかに、その機会はなかなか得られないだろう。そのような環境において、通常の音楽授業での鑑賞活動では、子どもたちはCDなどで再生される音楽を聴き、ワークシートに記入したり、感想を言い合ったりしている。ときには、音楽を部分的に聴いてその特徴を捉えたり、音楽を形づくっている要素を手掛かりに言語化したりすることを通して、音楽を理解しようとしているだろう。何度も部分的

に聴き返すことができるのは、「録音された音楽」の特徴である。しかし本来、音楽は「時間の芸術」と呼ばれ、音はその場に留まらず、常に流れ、目にも見えない。教育活動においては便宜上、その本来の特質から離れ、音楽の部分聴取が行われるが、それは音楽をより深く理解するための一つの手立てに過ぎない。そして、その手立ては、音楽そのものをより深く聴く、という本来の目的へ回帰されなければならない。

　たとえ、音楽ホールのような音響をもたない空間であっても、目の前で演奏される音楽と出会うとき、子どもたちは他者と共に音の響きの中に身を置き、全身を通してそれを浴び、演奏者の息遣いや動きを感じ、音の響きの肌理に触れる。それは、本来の「音楽」との出会いであり、一方向ではなく双方的に、子どもたち自身が音楽の誕生にかかわる場といえる。音楽授業では、録音・録画された音楽にアプローチするに留まるが、目の前に演奏家がおり、音楽が生まれ出る場にいる時、その音楽に影響を与える者として子どもたちは存在しているのである。そこで奏でられる音楽は一時停止や巻き戻しができず、早送りもない。緊張感の中で、その時にしか生まれない音楽が本来の姿で提示される。音楽授業で学んだ音楽の知識は、このような本来の音楽の姿との往還によってこそ、意味をもつものとなる。

（4）音楽ホールで音楽を聴く意味とは何か

　2024年2月、「リーデンローズ・アカデミーホール音響〜アコースティックな響きとは〜」がリーデンローズ大ホールで開催された。これは、リーデンローズの音響設計を担当した豊田泰久氏（福山市出身、現（公財）ふくやま芸術文化財団理事長）がナビゲーターとなり、NHK交響楽団の特別コンサートマスター篠崎史紀氏をはじめとするN響メンバーが、ホールの音響反射板を実際に転回させて音の響きがいかに変化するのかを実演するものであった。まさに、コンサートホールそのものが楽器であることが示されたこの催しで、演奏家が語ったホールで音楽を聴く意味とは、「そこでしか体験できない」ということであった。

　「生の音」を聴くという行為は、一回性をもち、唯一無二の経験となる。それに対し、録音・録画された音楽は、いつでもどこでも「同じ音楽」を提供する。聴き手の再生環境によって再生音は異なるものの、記録され留め置かれた音その

ものは変わることのない、一方向の音楽である。

　ではなぜ、「生の音」を聴く行為が一回性をもち、唯一無二の経験となり得るのだろうか。それは、音の響きが演奏者によってだけではなく、鑑賞者との相互作用によって生まれるからである。たとえば、客席の入場者数やかれらが着ている衣服で音の響きは変化する。なにより演奏者の表現は、私的な経験による気分や体調、ホールの音響、また天気や湿度による楽器の状態にも影響を受けるし、演奏者自身の楽曲そのものの解釈も変容することは避けられないため、まったく同じ演奏を行うこと自体、そもそも不可能である。その上、演奏者が奏でる音に没入し、息をのみ、身体を緊張させたり弛緩させたりしながら聴く鑑賞者の様子（その逆もしかり）は、演奏している者に即時的に伝わる。音の響きを介して演奏者と聴く者との間で交わされる、言葉ではなく同じ場にいるからこそ可能な、空気の交換とでもいうべきやり取りは、その場、そのとき、その空間でしか生じ得ない相互作用そのものである。だからこそ、「生の音」を聴く行為は、唯一の響きを生み、無二の経験となる。

　音楽を脳の働きから捉えようとする大黒（2022）は、人は情報を整理して予測の「不確実性」を下げることで脳の情報処理効率性を上げ、脳は報酬を得る一方で、「全てを理解しきった（不確実性が下がりきった）情報に対して脳はもはや興味を示さなく」なるとし、相反するこの2つの力が不確実性に「ゆらぎ」を生み出す、と指摘している。そして、この「ゆらぎ」が「芸術的感性や個性、そして創造性に多大な影響を与えている」と考えられているという。人の脳がこのような特徴をもつならば、録音・録画された、同質でどこでも再生可能な媒体での鑑賞よりも、一回性や唯一無二性をもつ「生の鑑賞」が人にとって意味をもつことを理解することはたやすいだろう。

　一方、他者と共に聴くことの意味について、たとえば配信された動画を視聴するよりも、ライブ会場やフェスに参加することに人々が価値を置いていることは、自分自身の経験からも明らかだろう。一緒に「生の音楽」を鑑賞する、という経験の意味は、自分と演奏者との間だけではなく、ともに聴いている他者との間においても生じている。

　これについて、佐々木（1995）が「芸術の公共性は、多くの鑑賞者の間での芸術概念の共有を要請し、それは芸術教育、討論、批評などを芸術現象の本質的

な要素として位置づける」と述べているように、個々人の内で鑑賞そのものは成り立つものの、「芸術教育」を意図したとき、鑑賞の対象となる楽曲をついて鑑賞者の間で「分かち合う」ことは、その芸術の公共性にアプローチすることとなる。芸術は「本質的にコミュニケーションの道具たらしめている」と渡辺(1983)が指摘するが、ある音楽が「わかる」のは、他者と共有できる連関をそれが内包しているからである。それが徹頭徹尾、個人的な経験に終始するものであるとすれば、それは「文化」とはいえないのではないだろうか。つまり、芸術はその本質において、文化的な共同体への帰属を促すものなのである。

4. 博物館と学校

(1) 博物館と学習指導要領

「小学校学習指導要領（H29）」には、「社会科」「理科」「図画工作」「総合的な学習の時間」の教科・領域で「博物館」の活用が記載されている。いずれも「指導計画の作成と内容の取扱い」に記載されており、例えば「社会科」では、第3学年で扱う「市の様子の移り変わり」、第4学年で扱う「県内の伝統や文化、先人の働き」、第6学年で扱う「歴史学習」で「博物館」の活用を図るようにすることとなっている。また、「総合的な学習の時間」では、博物館等の社会教育施設や社会教育関係団体等との連携を行う工夫が必要であるとされている。

(2) 歴史博物館と学校の連携

歴史博物館は、歴史という極めて抽象的な事象を具体的な展示物によって示してくれる貴重な地域の資源である。抽象的な事象を扱うからこそ、学び方によって、学びは広がったり深まったりする。ここでは福山市にある広島県立歴史博物館がどのように学校と連携しているのかについての事例を紹介する。

広島県立歴史博物館（ふくやま草戸千軒ミュージアム）は、幼稚園、小学校、中学校、高等学校、特別支援学校、大学（授業、ゼミ）、ボランティア団体など、幅広い団体に利用されている。また、広島県立歴史博物館では、博物館見学、講師派遣（出前授業）、職場体験、バックヤード見学、あるいはそれらを組み合わせた学習など、さまざまな学習活動が実施できる。また、「瀬戸内の歴史

をたどる」ことができる通史展示室もあり、それらの展示の中には、直接手に触れたり、体験を促したりするハンズ・オンの資料も充実している。中でも、中世の草戸千軒の町を実物大で再現した町並みは圧巻である。当時の人びとの生活が、まるで現実であるかのように実感できる。この博物館はこれまでにもたくさんの学校に利用されているが、子どもたちがより歴史博物館を身近に感じるための工夫は無限に存在する。博物館は多様な学び方が存在する場所であり、繰り返して訪れることで新たな学びが生まれる場所である。例えば、幼稚園の見学の事例では、学芸員さんが昔の人たちの生活の様子について子どもたちに分かりやすいように話してくださり、その後その時の体験をもとに子どもたちは昔話づくりの創作活動を行った。また、小学校との連携では、福山市内にあるクリーン・センターと広島県立歴史博物館を子どもたちが見学する中で、ごみ問題について自分たちの生活に関連付けて学ぶことができた。昔の時代の人々の物が少なかった生活の中に、現代の課題である持続可能な社会へ向けてのヒントが隠されていることも学ぶことができるであろう。そのほかにも、広島県立歴史博物館のホームページには、各団体の見学の様子などが紹介されているので、ぜひとも参照いただきたい。

　広島県立歴史博物館と学校が連携するときに、最も重要となることは、どのような目的で学習を展開するのか、また、学習全体の中でどのように位置づけるのかをしっかりと打ち合わせすることである。子どもたちをただ引率して、歴史博物館を見学させるだけの形だけの見学にならないように、事前事後の学習も含めてしっかりと準備することが重要となる。

5. 結　　論

　本章で取り上げた美術館や音楽ホール、博物館等の社会教育施設に対して、「特別な場所」といった印象をもっているかもしれない。これらの社会教育施設は、「本物」と出会う場であり、「本物」とつながるための場でもある。その点からいえば、そこが「特別な場所」であることは間違いない。

　では、「本物」とは何か。

　現在、IT技術の目覚ましい発達によって、実際には経験していなくても、あ

たかも経験しているかのように感じられる手段が提供されるようになった。例えば、VR（Virtual Reality）によって、実際にはそこに行っていなくても、ヘッドセットを装着すればそこに映し出される映像を通して、まるでそこにいるかのような体験も可能である。また、IT技術によって、生身の身体による制約を超えた経験さえも、もたらされるようになった。

しかし、そうであるからといって生身の身体を通した経験が不要になるだろうか。その答えは「否」だろう。自分の身体を通した経験とつながるからこそ、たとえVR技術がどこまで進化しても、そこに描き出されるモノ・コトを理解できるし、想像することが可能となる。

ドイツの思想家であるW.ベンヤミンは、その著作「複製技術時代の芸術」において、複製技術によって消滅するものを「アウラ」と呼んだ。そして、「事物を覆っているヴェールを剥ぎ取り、アウラを崩壊させることこそ、現代の知覚の特徴であり、現代の世界では、『平等にたいする感覚』が非常に発達していて、ひとびとは一回かぎりのものからでさえ、複製によって同質のものを引きだそうとする」と指摘した。

われわれは、ベンヤミンがいうところの複製されたもの、つまりプリントされたり、録音・録画されたりした文化財を教材・学習材として学校教育の場で用いている。その「複製されたもの」による学習を、本物に出会わせる場こそが、社会教育施設である。社会教育施設は人々や学校教育に本物、あるいは本物につながるものを提供しようと広く開かれている。そうであるからこそ、学校や教師は社会教育施設を活用して、子どもたちに自分自身の身体感覚を通して、本物に触れさせる機会をもつべきなのである。それは、学校教育での学びを深め、解放し、より意味をもつものにするだろう。

文献

文化庁「文化芸術基本法」（https://www.bunka.go.jp/seisaku/bunka_gyosei/shokan_horei/kihon/geijutsu_shinko/kihonho_kaisei.html）（2024年3月9日閲覧）

文化庁「文化芸術による子供育成推進事業」（https://www.kodomogeijutsu.go.jp/haken/r5_info.html）（2024年3月9日閲覧）

文化庁『多様なニーズに対応した美術館・博物館のマネジメント改革のためのガイドライン』，

2018
古山典子「教師の『音楽を聴く力』を育む音楽経験プログラム（1）─理論的背景と実践の考察─」『福山市立大学教育学部研究紀要』，8，2020，pp.45-55
21世紀に向けての美術館の在り方に関する調査研究協力者会議『21世紀に向けた美術館の在り方について（報告）』，1997
文部科学省『小学校学習指導要領（平成29年告示）解説　総則編』東洋館出版社，2018
文部科学省『小学校学習指導要領（平成29年告示）解説　図画工作編』日本文教出版，2018
大黒達也『音楽する脳－天才たちの創造性と超絶技巧の科学－』朝日新書，2022
佐々木健一『美学辞典』東京大学出版会，1995
渡辺護『芸術学［改訂版］』東京大学出版会，1983
ベンヤミン，W.，佐々木基一（編集解説）『複製技術時代の芸術』晶文社，1999
財団法人地域創造『これからの公立美術館のあり方についての調査・研究報告書』，2009

第Ⅱ部
子どもと地域社会の実践的な必要を考えるための研究の方法

　第2部では、児童教育学にかかわる「研究の方法」を紹介する。児童教育学に関連する学問領域は多岐に渡るため、その「研究の方法」も多様である。そこで、本書では福山市立大学大学院教育学研究科の修士論文でこれまでに採用された「研究の方法」をいくつか抽出して紹介する。

　社会科学においては、「方法論」（methodology）と「方法」・「手法」（method）は、互換的に使用されている場合がある。「方法論」の最も一般的な解釈としては、認識論的立場によって「方法」・「手法」の活用が決まる。一方で、「方法」・「手法」とは、データの収集法やデータ分析の技法のことを指し、「方法論」の次元までを含んでいるとは言えない。もちろんこれらの定義が唯一の定義ではなく、学術分野によってこれらの用語の定義すら解釈は異なるであろう。

　児童教育学は完成しておらず、模索中の学問である。よって、本書では修士論文に含まれるさまざまな「研究の方法」をまずは一旦、集約することを試みる。そこには「方法論」や「方法」・「手法」あるいは「技法」などがある程度混在することが想定される。しかしながら、今後の研究の蓄積によって、これらの集約された「研究の方法」は、やがては類型化されていくであろう。そのためのプロセスとして「研究の方法」を積み上げる作業を行った。

第12章
歴史研究

吉井涼・森美智代

> 【参考】
> 　岡田慎之介「自明性を問い直す生活綴方教育の可能性―ガダマー解釈学による実践記録の分析―」『福山市立大学大学院教育学研究科修士論文』，2024

1. 学級に在籍する多様な学習者

　学級のなかには、特別なニーズのある子ども、外国につながる子ども、セクシャルマイノリティ、明るい子どもや真面目な子どもなど多様な学習者が存在する。様々な差異をもつ学習者が存在する学級という場において、当事者が抱える問題は、当事者だけの問題ではなく、同じ学級に属する者にとっても取り組むべき問題である。子どもたちが、自分たち自身の力で問題に気づき、学級集団全体の問題として取り組んでいくという姿を標榜し、そのために必要な教育がどのようなものであるのかを考えたい。そのために、本修士論文では生活綴方実践の中でも、特に話し合い活動に注目し、実践記録の解釈と考察を行った。なぜなら、子どもたちは話し合い活動を通して、「個別的・具体的・特殊的な」経験を、「一般的・抽象的・普遍的な新たな認識」へと変化させていくからである。また、子どもたちは話し合い活動を通じて、自身を取り巻く社会・文化的な自明性に気づいていった。こうした話し合い活動において、教師はどのような働きかけをして

いたのか、また、子どもたちはどのような発言をしていたのか、本修士論文はその過程を描き出したいと考えた。さらに、これら2つの学びを、どのような学びとして説明できるのか、その説明のためには軸となるもの（本修士論文ではガダマー解釈学を用いた）が必要となる。

　生活綴方実践の中で、子どもたちは生活を綴ることで自身の置かれた状況に立ち止まり、整理するだけでなく、話し合い活動を通して共有し、学級集団の問題として位置づけ直した。そして問題に対する解釈の過程で、理解のあり様が変容し、集団自体の変容をも可能となる、これが本修士論文であった。

2. 修士論文で用いられた研究の方法とその背景

　本修士論文は、戦後日本の生活綴方教育に着目するという歴史研究を採用している。生活綴方教育の実践は、いわゆる作文を書くことを通じて子どもの生活を理解し、話し合いを通じて子ども同士の関係性を再構築するものであった。
　そのための手順として、まず、生活綴方教育の鍵概念とも言える「生活」と「表現」を取り上げ、その意味するところが顕著となる「田宮・野名」論争に焦点を当て、概念整理を行った。手続きとしては、田宮・野名それぞれの複数の論稿を収集し、「生活」と「表現」が説明されている箇所を抽出し、分類することで特徴を整理した。その上で、両者を比較することで、相違点を見いだした。その過程で、一般的語彙とは異なる生活綴方教育における「理解」と「適用」概念の重要性を見いだし、続く章において実践記録を分析するための観点としている。また、生活綴方教育史において影響力のあった国分一太郎の「生活綴方的教育方法の定義」をもとに、「個別的・具体的・特殊的な」経験を、「一般的・抽象的・普遍的な新たな認識」へという、本修士論文の主張する1つ目の学びを実践記録の中から見いだしている。この1つ目の学びを見いだす過程が演繹的な手法であるとすれば、話し合いを通じて自身の自明性に気づくという2つ目の学びを見いだす過程は、帰納的な手法によると言えるかもしれない。とはいえ2つの学びは、帰納法と演繹法を繰り返しながら見いだされたものである。
　戦後日本の生活綴方教育実践の歴史的検討は、障害の有無や性別、社会的属性などによって学習者が差別されない教育を目指す今日において、示唆に富むもの

である。学級という集団内において、ある子どもが示す行動の一側面を見て、その子どもを問題とみなすのではなく、その子どもの全体性を捉える、リアルな子どもの姿を見るためにはどうしたらよいのか。本修士論文は、児童教育学におけるこの重要課題に歴史的にアプローチしたものである。それに加え、続く章では、見いだした2つの学びの内実を、ガダマー解釈学を用いて解明しようと試みている。詳細については原文を参照されたい。

3. 歴史研究とは

本修士論文で採用された研究方法の一つである歴史研究の方法について、本章では、主に、リン・ハント『なぜ歴史を学ぶのか』と池上俊一『歴史学の作法』を参考に概観する。

過去に起きた出来事は無数に存在しているため、歴史研究をする者は自身の体験や関心に基づき「問い」を設定し、その者にとって意味ある出来事に焦点を当てることになる。その意味で、歴史研究の出発点には、ある歴史的出来事を選び、他の歴史的出来事を捨てるという取捨選択の作業があり、このことに目を向ける必要がある。これまで語られてきた歴史、そしてこれから語ろうとする歴史が、過去のすべてではない（池上，2022）。

ある「問い」を設定し、歴史的な事実を明らかにしようとするとき、第一に「資料」（歴史研究では史料とも表記する）が必要となる。資料は、書籍や論文だけでなく、日記や手紙、裁判記録や聞き取り調査等、検証可能なあらゆるものであり、言語化された文書の形態をとっているものが多い（写真や絵画、遺跡等も資料に含まれる）。歴史的な事実は、資料に依拠する。これら資料を体系的かつ多角的に収集することがまず必要となる（池上，2022）。

特に、歴史研究を進める上で重要となるのが、一次資料である。一次資料とは、研究の対象となる人物や機関等が、対象時期に直接書いたものである。そうではなく、例えば研究対象となる人物や機関等について、別の誰かによって書かれたものなどは二次資料と呼ばれる。本修士論文では、戦後日本の生活綴方教育における論争や実践に着目している。このとき一次資料となるのは、論争に直接かかわった人物たちの書籍や論文であり、当時、学校において生活綴方教育を実

践していた教師らが書いた実践記録などである。二次資料となるのは、例えばこの論争に焦点をあてた研究書などである。これら研究対象となる資料は、断片的な収集では、特定の観点による偏りが生じる危険性がある。すなわち、本修士論文のように、ある論争を取り上げる際、特定の立場の論者の資料ばかりを収集したり、ある特定の時期に書かれた資料のみを収集したりしたとき、恣意性を回避できず、また時間差による見解の変化などを見ることもできない。

現代は、インターネットを通じて多くの資料を検索・閲覧・収集することが可能なため、様々なデータベースを活用し、目当ての資料を検索し収集していく技術が必要である。しかし、現地に足を運ばないと手に入らない資料も多くある。日記や手紙などのような資料は、公の機関に保存されることは稀であるし、学校や施設の会議資料などは個人や学校・施設が所有していることが多い。こうした資料については、所在の見当をつけ、所有者に連絡を取り、現地に赴き、個人情報保護に注意しながら収集するといった手続きを取る必要がある。資料の量が膨大であれば何度も足を運ぶことになる。Webサイトで見られる資料も多い中、お金も時間もかかる作業であるが、現地に行くことそれ自体が重要でもある。現地で実際に手に取る資料からは、手触りだけでなく、においなども伝わる。当時の人びとが手にしていた資料を、長い年月を経て、あらためて手にする経験は、歴史研究を進める上で貴重なものとなる。

このように収集した資料に書かれていることが、そのまま歴史的な事実となるわけではない。古い資料の場合、オリジナルのままか、それともオリジナルなものを復元したのか、復元する際に改竄されてはいないか、意図的か否かに限らず部分的な改竄や間違いはないかなどの検証が必要となる。さらには、書き手の誤解、嘘や誇張はないだろうか。直接の情報か間接の情報か、どのような状況下で、いかなる思想や信仰に基づいて書かれたものかによっても記述の性格は変わってくる。資料の信憑性・有効性を見極めるこうした作業を「史料批判」と呼ぶ。体系的・多角的な資料収集は、史料批判を行う上でも重要となる。ある一つの資料の中で書かれていることを鵜呑みにせず、同一事象を記している複数の資料と照合することも必要である（池上，2022）。このように精査された資料であっても、その後、これまでまったく知られていなかった論考や日記などが新たに発見された事例は多く、新たな資料により、これまで歴史的事実とされてきた

点についてさらなる検証が加えられていく。

　ところで、資料に基づき、当時に起きた出来事を一つ一つ明らかにしていくことが歴史研究なのであろうか。ハントによれば、単に事実を列挙するだけでは歴史にならない。「事実というものは、意味を与える解釈に組み込まれなければ、動き出すものではない」（ハント，2019）。すなわち、明らかにした事実を解釈することが必要になる。では、事実をどのように解釈したらよいのだろうか。その解釈が「真実」とみなされるにはどうしたらよいのだろうか。

　歴史的事実を解釈する際、その解釈が真実とみなされるかは、第1に、首尾一貫した解釈であるかどうかにかかっている。適切な資料から引用された事実に基づき、論理的な結論が導かれているかである。第2に、多くの事実と矛盾しないことが重要である。自分の解釈に適合的な事実にのみ依拠するのではなく、さまざまな事実に照らしても、その解釈に矛盾がないかが問われる。しかし、論理的に首尾一貫しており、できる限り多くの事実と矛盾しない解釈を行うことができたとしても、その解釈の真実性は暫定的なものになる（ハント，2019）。同じ人物や機関、出来事に対して、多くの同じ資料を用いていても、異なる事実を強調することで、異なる解釈がなされることもある。その点で、科学研究において重視される「再現可能性」は、歴史研究においては当てはまらない。これは歴史研究という研究方法にとってネガティブなことでは決してない。むしろ、歴史研究の意義は、通説とされていた解釈に対して、新たな解釈を提起し、従来の見方・考え方を転換させることができる点にある。もちろん、解釈をめぐり、他の歴史を研究する者などとの議論や論争が生じ、そのことで、さらなる解釈の修正が起こる可能性もある。解釈をめぐる論争においては、それぞれの立場から多くの事実を提示し、議論をし続けることになる。これこそが、歴史のたえざる民主化に不可欠なことである（ハント，2019）。

　最後に、小野寺・田野（2023）は、歴史にかかわって、〈事実〉〈解釈〉〈意見〉の3つの層について検討している。〈事実〉はここまで見てきたように、何らかの史料に基づく歴史的事実であるが、小野寺・田野（2023）は、〈解釈〉の層が軽視され、〈事実〉から〈意見〉へと飛躍することの危険性を繰り返し強調している。〈解釈〉の層は、多くの歴史研究が積み重ねてきた膨大な知見であるが、ある特定の〈事実〉から、「〇〇は良いことであった」という〈意見〉へと

飛躍してしまうと、当時の時代背景を無視し、誤った判断・意見となる可能性が指摘されている。歴史研究をする上で、一次資料を収集し、読み込んでいくことはもちろん大事であるが、二次資料も丁寧に読まないと、これまでの歴史研究の蓄積を無視する意見・主張となってしまう可能性が高いのである。

これは他の研究方法にも言えることである。それぞれの研究方法に基づいて収集したデータから、ある事実を明らかにしたとき、解釈をせずに（または不十分な解釈により）、「保育（教育）はこうあるべきだ」といった意見・主張を展開することは、学術的な場においては不適切である。〈事実〉〈解釈〉〈意見〉の3つの層を意識することは、どんな研究方法であったとしても重要である。

子ども期や地域社会で育つということは誰もが経験してきたことであり、それゆえに、誰もが自らの経験によって教育・保育を語ることができ、そのこと自体は教育・保育にかかわるコミュニケーションをすべての人に開かれたものとする良い点ではある。しかし、このことはごく限定された一部の経験を過度に一般化することにもつながる危険性をもあわせもっている。

歴史研究は、これまで自明視されてきたものごとに対し、新たな視点を提示する。歴史研究を通じて、自らの経験を相対化し、子どもと地域社会に関する多様な問題にアプローチする際に基本となる視点を身につけることができる。さらに、保育・教育が、人々の幸福に寄与してきただけでなく、むしろ、差別を助長し、不平等を拡大させた側面も歴史の中に見いだすことができる。児童教育学にかかわる歴史を学ぶことは、児童教育学が「できること」と「してはならないこと」を考えることにつながるだろう（岩下ら，2020）。

付記
本章の1と2は森が原案を執筆し、共同で加筆・修正を行い、3は吉井が原案を執筆し、共同で加筆・修正を行った。

文献
ハント，L．，長谷川貴彦（訳）『なぜ歴史を学ぶのか』岩波書店，2019
池上俊一『歴史学の作法』東京大学出版会，2022
岩下誠・三時眞貴子・倉石一郎・姉川雄大『問いからはじめる教育史』有斐閣，2020
小野寺拓也・田野大輔『検証　ナチスは「良いこと」もしたのか？』岩波書店，2023

第13章

比較研究

三山緑

【参考】
　丸山圭子「イタリアの『インターカルチュラル教育』の歴史的文脈─「統合」の概念からひもとく『共同体』づくりの歴史─」『福山市立大学教育学研究科修士論文』，2020

1．本修士論文の概要〈論文構成〉

　本修士論文は、イタリアの「インターカルチュラル教育（intercultural education）」を歴史的文脈の中で捉え、その独自性および「統合」の意味を明らかにすることを研究の目的としている。方法は、日本やイタリアで出版刊行されたイタリア教育史の文献をはじめ、イタリアでの学習プログラムや政府が発した通達などの関連文書の読解と分析が中心である。

　論の展開としては、イタリアの「インターカルチュラル教育」の根底にある「統合」理念と「共同体comunità」としての学校の役割の独自性、諸外国に先駆けて「インターカルチュラル教育」が実施されたことの歴史的必然性について、1861年のイタリア統一からファシズム独裁制、第二次世界大戦後の共和国憲法を経て形成された歴史を追うことによって、明らかにしている。「インターカルチュラル教育」へと結実する歴史的文脈としては、①イタリアの多様性と

「他者」の存在、②共和国憲法の意義：民主主義の立脚点、③学校「共同体」の役割、④「統合」の意味を挙げている。具体的には、イタリア統一後の中央集権的な体制が「南部」という疎外された「他者」を生んだことへの反省から、戦後の共和国憲法が掲げる自由、連帯、民主主義の価値を共有する民主的市民の育成を目指したのである。そして、学校は「協議」や「共同」を重んじる民主的価値の実践の場と位置づけられた。

執筆者は、この「共同体としての学校」という理念が、1970年代の障害児の学習権保障の取り組みを生み出し、その経験が外国人児童生徒に対しても生かされたと指摘している。すなわち、「"西洋文化"モデルを児童生徒に対して社会適応の条件として提案」するのではなく（1990年公教育省通達）、「学校共同体」への受け入れと「差異」や「他者」への配慮、「アイデンティティの尊重」と「対話」重視の民主的教育を追求したのである。これらは、学習プログラムの中の「インターカルチュラル教育」や第二言語・共通言語としてのイタリア語に見いだせる。

2. 本修士論文の特色、注目ポイント

(1)「インターカルチュラル教育」という概念を用いる理由

「インターカルチュラル教育」とは、「文化や言語、民族、あるいは宗教的背景とは関係なくすべての生徒の間で相互理解と尊重を奨励するような教育実践」

（欧州委員会（Commission of the European Communities：EC）定義（丸山訳）、1994年）である。イタリアでは、このECの定義に先行する形で既に文化的多様性を受け入れ、各々が「相互関係（inter）」の中で影響と変容をもたらす教育として展開されていた。これに対し、日本語では「インターカルチュラル教育」を「異文化間教育」と訳すのが一般的である。しかし、「異文化間教育」は、「二つ以上の相異なる文化の狭間で展開する教育ないし人間形成の過程・活動」（佐藤，2010年）であり、「相互」という概念が不明瞭である。

本修士論文では、「インターカルチュラル教育」と「異文化間教育」の概念の相違を説明した上で、執筆者がECの定義に依拠する立場を明確にしている。

（2）イタリアに注目した理由

　執筆者が研究対象としてイタリアに注目した理由は、「研究の背景」の中に示されている。その理由は、20世紀末頃から全世界で移民現象（国境を超えてグローバルに人が移動する現象）が著しく広がる中で、イタリアは、古代ローマ帝国の時代から移民の「受け入れ国」と「送り出し国」の双方で豊富な経験をもち、示唆に富んでいるにもかかわらず、移民の教育に関する研究についてはほとんど手つかずだった点である。

　また、執筆者は、第二次世界大戦後、移民「受け入れ国」となった欧米各国の類似の取り組みと比較して、イタリアの先進性を見出している。欧米各国の例としては、「同化教育」から「統合教育」へとシフトしたイギリス、1960年代公民権運動の中で「多文化教育（multicultural education）」が誕生したアメリカ、ホスト国の言語を教える「受け入れ教育（pédagogie d'accueil）」を展開したフランス、移民労働者の子どもたちを分離する「外国人教育（Ausländerpädagogik）」のドイツなどが挙げられるが、21世紀に入ると少なからず「同化的」「補償的」といった批判が向けられた。一方で、イタリアでは障害児教育の「統合」と同じロジックで外国人児童生徒を「学校共同体」に受け入れ、イタリア語を共通の第二言語とする学習プログラムを展開した。

（3）文献読解という方法と語学力

　本修士論文の研究方法は、文献読解が中心である。これは、執筆者本人にイタリアでの長期にわたる生活経験があり、イタリア語の読み書きに堪能で、かつ様々な一次資料を得やすい状況にあった点が、アドバンテージとなっている。イタリアの「インターカルチュラル教育」についての研究が稀少であることを鑑みれば、その優れた取り組みを日本語によって詳細に示した貴重な研究であると言える。

3. 比較研究とは

（1）比較教育学研究の意義

　本来「比較」とは、私たちが日常生活の中で絶えず行っている活動である。比

較の四段階研究法を提唱した旧西ドイツのヒルカー (Hilker, F.) は、「比較」を「二つまたはそれ以上の同種の現象の間の同一性、相似性、あるいは異質性を示す関係概念」であり、「観察、分析、整理という活動の組み合わされた知的作業」であると定義している（吉田、1997年，p.32）。また、比較教育学の定義は、「世界のさまざまな国・地方や文化圏の教育について、世間的に異なる複数の点に着目し、比較の方法を用いて分析することにより、一定の法則性や独自の類型を見いだすことを目的とする専門学問分野」（比較教育学会，2012年，pp.321-322.）である。つまり、比較教育学研究は、複数の異なる国・地方・文化圏の教育事象を「相対化」することで教育の営みの多様性を示す学問である。

（2）比較教育学研究の目的、対象、方法
1) 目的と対象、比較群の設定

比較教育学研究が行われるようになった19世紀の欧米では、研究の目的は第1に他国の教育の優れた側面を見出し、見習うことで自国の短所を補うこと、す

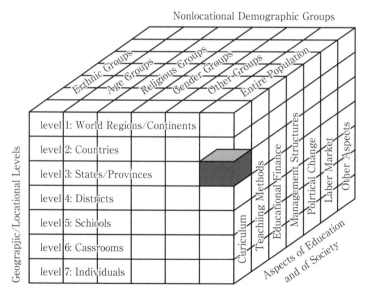

Bray, M. および Thomas, R, M.(1995), p.475. 許可を得て転載。

図13-1　比較教育学の分析フレームワーク

なわち「教育借用」にあった。当時の欧米各国は国民国家形成期を迎えたことにより、公教育制度を通じて忠良な国民を育んでいくことが、富国強兵政策の前提となったのである。これは、明治政府が主導して近代化をめざした日本においても例外ではなかった。

これに対し第2の目的は、教育事象の新たな解釈を提供することである。「教育借用」を目的とする研究は、単一の教育制度下で全国民が教育を受けているという擬制のもとで展開されてきた。また、国の教育制度という「建物の骨組み」に関心が集中し、「建物」の内外、周辺にいる者の多様性と歴史的・文化的・社会的背景などの多くの情報が捨象されてきた。

こうした課題に対し、ブレイとトマス（Bray and Thomas, 1995.）は、キューブモデル（図13-1）を用いて、比較の対象や次元とそれらの組み合わせの多様性を説明している。第1次元：地理的レベル（Geographical/Locational Level）、第2次元：地理的要素以外の生態グループ（Nonlocational Demographic Group）、第3次元：教育と社会の諸側面（Aspects of Education and Society）の各階層を選択し、それらが交差するセルを選択することができる（ブレイ，M., アダムソン，B. & メイソン，M.（編著），杉村ら（訳），2011, p.9）。

一方、「時」を軸とした比較を提示したのが、スィーティング（Sweeting, A.）である。スィーティングは、「時」の比較研究の構造を通時的（diachronic）、共時的（synchronic）、疑似共時的（quasi-synchronic）・疑似通時的（quasi-diachronic）比較で説明した（杉村, pp.172-191.：山田・森下, 2013年）。

さらに、比較は2つではなく3つの比較群（事例）を設定することも重要である。これにより、先進国と発展途上国、欧米とアジア、戦前と戦後といった二項対立型比較を避け、一見歴史的、地理的、文化的、政治的に関係性が乏しい三つの比較群を相互に比較し、根源性、普遍性、法則性を見いだせる。

2）方法

研究・分析方法としては、まずは要因分析法がある。要因分析法の基礎を築いたキャンデル（Kandel, I. L）は、国の教育制度の発達や性格に影響を及ぼす要素に、歴史的伝統、国民の態度、政治的・経済的諸条件を挙げた。また、シュナ

イダー（Schneider, F.）は、教育制度の形成要因として国民性、地理的位置、文化、経済、学問（とくに哲学）、政治、宗教、歴史、外国の影響、教育の内的自己発展力を挙げ、さらにハンス（Hans, N.）は、教育の発展要因を自然的要因群、宗教的要因群、世俗的要因群に分類した（吉田，1997年，pp.27-31）。

　一方、比較教育学研究を実証科学として発展させたヒルカー（Hilker, F.）やベレディ（Bereday, G. Z. F.）は、段階比較法を提示した。段階比較法では、比較研究の手順が①記述、②解釈、③並置、④比較の4段階に区分され、それぞれの段階の手順にしたがって仮説を検証していく。仮説検証に用いられる手法は、量的手法と質的手法に大別される。量的手法のねらいは、教育事象を何らかの客観的な物差しで説明し、将来を予測する法則を導き出すことである。これに対し質的手法は、「個性記述的（ideographic）」であることが特徴である。具体的には、研究者自らが対象グループの中に長期間継続的に身を置き、関係性を築く中で参与観察やインタビュー、フィールドノート、写真、動画などの情報を得て分析・解釈をする、エスノグラフィの手法を用いることである。

　本修士論文は、多くの日本人には馴染みの薄いイタリアの「インターカルチュラル教育」に注目した研究である。アカデミックな視点でこれを良質な情報へと整理し、和文で紹介した点において、有意義なものであったと言える。一方で、イタリア一国に焦点を当てているため、「外国研究」と称した方が妥当にも感じられる。実は、本修士論文に限らず、「比較教育学研究」と銘打つ研究の多くは、「外国研究」である。理由は、「教育借用」の発想から、研究者が自国の教育制度を定点にし、外国を比較対象にしてきたからであろう。

　執筆者自身のイタリアにおける長期滞在が、エスノグラフィ的な研究関心を生み出し、かつイタリア語文献の読解を可能とした。願わくば、今後、よりミクロなレベルに踏み込み、量的手法では捨象されがちなコンテキストを丁寧に拾い集めた研究へと発展させてもらいたい。また、本修士論文が「外国研究」の枠を超えて、様々な国・地域・階層に観測点を置いて「インターカルチュラル教育」の相対化を試みる研究へと発展することを期待したい。

文献

シュリーバー, J., 馬越徹・今井重孝（監訳）『比較教育学の理論と方法』東信堂，2000

ブレイ，M.，アダムソン，B. & メイソン，M.（編著），杉村美紀・大和洋子・前田美子・阿古智子（訳）『比較教育研究―何をどう比較するか』ぎょうせい，2011

日本比較教育学会編『比較教育学事典』東信堂，2012

小川佳万「日本の比較教育学の特徴―教育学との関連から―」『比較教育学研究』，50, 2015, pp.158-167

杉本均・南部広孝（編）『比較する比較教育学』東信堂，2023

杉村美紀「教育学にける比較教育学の位置づけ―教育実践研究の『フィールド』解明のための『比較研究』―」，山田肖子・森下稔（編）『比較教育学の地平を拓く―多様な学問観と知の共働―』東信堂，2013, pp.172-191.

田中圭次郎『比較教育学の基礎』ナカニシ出版，2004

吉田正晴編『比較教育学』福村出版，1997

Bray, M., & Thomas, R. M.(1995). "Levels of Comparison in Educational Studies: Different Insights from Different Literatures and the Value of Multilevel Analyses". *Harvard Educational Review* 65(3), pp. 472-491. Avilable at: https://doi.org/10.17763/haer.65.3.g3228437224v4877(Accessed: 6 March 2024)ÐÐ

第14章

心理学実験研究

平野晋吾

> 【参考】
> 時重美樹「文脈統合と内受容感覚への注意が不快情動喚起に与える影響―弱い中枢性統合仮説への着目―」『福山市立大学大学院教育学研究科修士論文』、2023

1. 子どもの心や行動の変化の背景を実証的に読み解く

　私たちが関わる子どもたちの心や身体は、さまざまなものに影響を受けるとともに、常に変化しながら発達していく。例えば発表会の日、必要以上に緊張しすぎてしまい、話せなくなったり不適切な行動を起こしたりするというような、普段とはまったく違う状態に変化する子どもの姿を目の当たりにすることがある。その変化の原因（要因）は、友だちの視線や教師の発問、教室の環境など、今そこにある外部刺激かもしれないし、その子の年齢、成熟、発達や障害を背景とした身体反応や認知特性など内的な状態かもしれない。そして多くの場合、それらの要因は複雑に絡み合って変化を引き起こしている。
　この複雑な背景を理解するためには、一旦、思い込みを排して、その変化を客観的に観察するとともに、絡み合った要因を整理（統制）して視点を絞り込み、一歩ずつその実態を紐解いていくことも必要になる。この一歩は、すぐに実践的な課題の解決に役立つわけではないことが多いが、子どもたちを理解するための

材料を与えてくれたり、新たな視点を獲得したりするきっかけとなり得る。さまざまな実験手法が発達するとともに、AI等の急激な進歩によって、膨大な情報の整理が可能になってきた現代においては、保育や教育においても、既存の情報から予測やシミュレートができる部分が増えていくかもしれない。しかしその一方で、平均化される前の個別の情報（素データ）には、目の前の子ども自身からしか得ることのできない個性や特性が内包されていることを忘れてはならない。

2. 修士論文で用いられた研究の方法とその背景

（1）修士論文の概要

「人前でのスピーチが苦手すぎる人には、どんな特徴があるのだろう。ある場面における不快な情動は、人によっては簡単に強く引き起こされ、人によっては引き起こされにくいのはなぜだろう。本人は、不快になりたいわけではないのに…。」という素朴な疑問からこの研究は始まった。

「不安」という心の状態には、一般にマイナスで良くないイメージが付きまとう。それではなぜ、生活の中で不快な情動が引き起こされなければならないのだろう。私たちの身体の内外からは、いつも膨大な量の情報が入力され、それらはさまざまな水準で分析・統合され、その結果に基づいて、私たちの行動や心身の状態はより安定する方向に調整され続ける。その過程で生じる不快な情動は、例えば、危険な対象や戦争を「避ける」、脅威と「闘う」など、私たち生体が安全に暮らすために必要な判断や行動の起点となっている。このように、不快な情動も生物としての人にとってなくてはならない大切な役割を担っているのである。そのため、人間を含む多くの動物には認知の枠組みとしてのネガティブ・バイアス（物事が明確になるまでは、どちらかといえばマイナスに捉えやすい、認知的な偏りを持つ傾向）が備わっていると考えられている。

ところがこのネガティブ・バイアスの強さや、不快な情動が意識や行動に与える影響には大きな個人差があり、この大切な役割を持つはずの情動が、継続的に、そして必要以上に生活の質を下げる方向に働いてしまう個人も存在する。例えば、自閉スペクトラム症（Autism Spectrum Disorder：ASD）のある人たちは、ネガティブ・バイアスや不安が高い傾向にあることが知られている（ウタ

フリス，2009)。保育所や学校においても、他者の言動の意味をマイナスに捉えてしまったり、運動会などの非日常的な行事への参加が困難になるなど、見通しの持てない活動に対して強い不安が高まる様子が観察されたりする。このような子どもたちをどのように理解し、教育や生活の質を高めていくかというのは、すべての学級において大切な課題であると言える。

　本修士論文では、この個人差の説明に資する理論として、予測的符号化仮説（大平，2017：総説）に着目している。生活に変化があっても見通しをもって過ごすことができるのは、脳が、身体内外からの膨大な感覚刺激に受動的な反応を示すだけではなく、構築された内的モデルによって、この先の見通し（予測的符号）を素早く包括的な統合によって形成するからという仮説である。ASDのある人の認知の特徴は、細部への注目が優先され、全体的（統合的）なまとまりへの注目が弱くなることであると考えられている（弱い中枢性統合仮説）。そこで、本修士論文では、不快情動の喚起に対する文脈統合と身体内部の感覚である内受容感覚への注意の影響を、生理心理学実験を通して明らかにすることを目的とし、①文脈のある情動喚起刺激の方が、文脈のない刺激に比べて喚起される情動が弱い、②内受容感覚に注意を向けた方が、喚起される情動が弱いという2つの仮説を立てた。独立変数を内受容感覚への注意の有無（心拍・純音）と文脈条件（有・無）の2要因とし、従属変数を主観的情動（感情価と覚醒度）と自律神経系変動として分析を行った。またASD傾向との関係も探索的に検討した。

　その結果、文脈有り条件における感情価が文脈無し条件と比較して低い傾向にあった（$F(1,11) = 3.981$, 偏$\eta^2 = .266$, $p<.10$）。そして、内受容感覚に注意を向けた方が、覚醒度が低くなることが示された（$F(1,11) = 5.166$, 偏$\eta^2 = .320$, $p<.05$）。加えて、ASD傾向が高い群においては、内受容感覚に注意を向けると文脈なし条件で自律神経系活動が不安定になる傾向が示された。

　以上の結果から、文脈による予測は、不快情動を軽減させる傾向にあり、また多くの人にとって、内受容感覚への注意は自身の身体状態の予測符号化を促進させることにつながり、見通しをもって情動を安定させ、覚醒を落ち着ける効果があることが推測され、仮説は一部支持されたと言える。一方でASD傾向が高い人は、弱い中枢性統合を背景に、身体状態への注意や変化の検出が見通しとして統合され難いことで、特に文脈（見通し）のない環境においては、むしろ身体反

応の不安定さを高め、不快情動を高める要因として作用しやすくなることが示され、見通しの持てる環境構成等の重要性が示唆されたといえる。

（2）修士論文で用いられた研究の方法

本修士論文で対象となった不快な情動の喚起には、先行研究において情動価の標準化が行われている顔写真の視覚刺激を、ランダム順で提示する方法を、採用した。しかし、例えば本人が「不快だ」と表明したとしても、「それがどの程度なのか」「別の人のいう不快と同じ情動なのか」「嘘ではないのか」など、明確に定義することが困難なあいまいな点が解決できない。そのため、言葉による定義（概念的定義）とともに、どのような場面でどのような変化が起きれば、例えば「不快」と呼ぶのかという手続きによる定義（操作的定義）を行うことが必要になる。

そこで、生理心理学・精神生理学的な実験法に基づいて、主観（心理）指標、行動指標、生理指標のそれぞれを組み合わせた手続きによって、多角的に操作的定義と変数の統制を行い、実験計画を立てている。主観指標は、先行研究において開発された質問紙（尺度）の得点を用いた。質問紙によって「情動の状態」「内受容感覚への主観的な気づきの程度」「自閉症傾向の強さ」等をそれぞれ計測し定義した。また、内受容感覚への注意を定義するために、心拍もしくは純音の数をカウントするという行動の条件統制を行っている。加えて、心身の状態の調整や変化の生理指標として自律神経系活動の変動の大きさを採用している。実験室内で実施されたこの実験は、手続きは教示も含めて綿密に計画され、チェックリストを用いて計画通りに実施されたことの証明を残しながら遂行された。

そしてこの実験は、仮説検証型研究と仮説探索型研究を組み合わせてデザインされている。前者は、2つの仮説の設定とその検証により構成されており、後者はASD傾向の影響を探索する形で実施されている。また、ここで紹介した結果に関わる実験デザインは、参加者内デザイン（繰り返し測定、対応測定）と参加者間デザイン（繰り返しなし、独立測定）とを組み合わせて計画されている。前者は内受容感覚への注意の有無（心拍・純音）と文脈条件（有・無）の2要因を独立変数とした分析によって使用されており、同じ参加者の条件間比較が行われている。一方で、ASD傾向の高い群（実験群）と低い群（対照群）の比較は、

各群の参加者が異なることから参加者間要因による分析である。

　この修士論文においては、サンプルサイズの制限（参加者の少なさ）など、いくつかの方法の限界が認められる。そのような点は論文において明示し、その後の研究における改善計画も示すことにより、研究の信頼性を高めようとする科学的な営みを継続することが大切である。

3. 心理学実験研究とは

　人の心が変化する背景は複雑で多岐にわたるため、先行研究で明らかになっている心のモデルを参考にしながら、因果関係や相関関係についての仮説を立てていく必要がある。また心は目に見えないため、本人が意図的に出力した情報を整理する面接法（内省報告を含む）や質問紙法、非意図的なものも含む言動を目的に沿って記録・整理する観察法、刺激や環境に対する参加者自らの心の変化を主観的に振り返る内省（内観法）や刺激に対する行動を客観的に記録する方法、そして脳や神経系を含む身体（生理）の反応を記録する方法など、複数の方法を組み合わせて多面的に収集したデータによって検討する必要がある。そして、『可能な限り質の高い測定を行ない、質の高いデータを得る（佐藤・小川，2017）』ことを追究しなければならない。

　そのため、心理学実験は科学的に整理された手法に基づいて行われる。つまり、目に見えない人の心に対する問いを解決するための目的と仮説の設定から始まり、データ収集、分析、結果に対する考察、結論の導出という一連のプロセスを経て実施される。心的事象に関わる因果関係について明らかにしようとする場合には、原因であると推定される独立変数（操作的に定義される変数）と、その結果として変化すると推定される従属変数（測定される結果）を明確に定義し、実験条件を整備して他の影響（剰余変数）を統制する必要がある。

　剰余変数は個人差や環境要因、時間要因、実験者要因など多岐にわたるが、その積極的な統制方法にはランダム化やカウンターバランスなど、実験の要因計画段階で最小化を試みる方法と、共分散分析や多重回帰分析などの取得したデータの分析方法を使用して影響を最小限に抑えようとする方法がある。実験が成功したか否かの判定は、予想どおりの結果が得られたということではなく、変数の統

制に成功したかどうかによると言える。結果に大きな影響をもつと考えられる要因の統制がされていなかった場合には、実験の妥当性や信頼性が損なわれる。そのような観点から、実験の方法についての記述には、その研究の再現性や反証可能性の担保が求められる。つまり、他の研究者が同じ手順によって実験を実施し、批判的に検証することが可能になるよう明記する必要がある。加えて、実験遂行にあたって参加者の人権を最重視し、インフォームド・コンセント（実験内容や参加者の人権保護に関する説明と同意）を導入することや利益相反の有無等を明記すること、膨大になりやすいデータの管理を徹底することは、倫理的な観点から必須の手続きであると言える。

　これまで述べてきたことでも明らかなように、心理学実験は万能ではなく、実験室実験の場合には、現実世界における応用や一般化にはその後に多くの研究段階を想定する必要があるだけではなく、実験の設計や実施、データ解析には多くのコストがかかる。しかし心理学実験法はその「科学的な厳密さ」や、「脳科学や認知科学と協働しながら、人間の心に関する基礎理論の構築に貢献すること」などの魅力がある。また近年では情動や感情、学習や注意、睡眠、ストレス、運動等の成果の一部を教育実践において応用するための、試行錯誤が始まっている。その一方で、疑似科学的な知識への警戒も高める必要がある。

　児童教育学やその近接領域においては、実験的な方法論を専門とする研究者や学生が現場の保育者・教員と交流し、個性を持った子どもの姿や実践的な観点や感性的な気づきからの学びを得ることや、すぐには応用が困難であっても実験結果に教育的な観点を加えて情報共有することを通して、共に考える機会を意図的に担保することが重要であると言える。

文献

フリス，U．，冨田真紀・清水康夫・鈴木・玲子（翻訳）『新訂　自閉症の謎を解き明かす』東京書籍，2009

大平英樹「予測的符号化・内受容感覚・感情」『エモーション・スタディーズ』，3 (1)，2-12，2017

佐藤暢哉・小川洋和（編著）『なるほど！心理学実験法』北大路書房，2017

第15章

事例研究

林原慎

> 【参考】
> 野島崇志「小学校『総合的な学習の時間』における主体的に学ぶ態度の変容に関する研究—イエナプラン教育『ワールド・オリエンテーション』を手がかりに—」『福山市立大学大学院教育学研究科修士論文』，2021

1. 子どもたちの主体的に学ぶ態度の育成

「総合的な学習の時間」（以下，「総合学習」）は、各学校の実態や子どもたちの探究的な学習の習熟の状況に応じて展開される。また，「総合学習」で育成される具体的な資質・能力についても、各学校で設定することとなっている。よって，「総合学習」は、子どもたちの興味・関心に基づいて授業を設計しやすく、教師も子どもたちともに探究していくことができる対話的な学びになりやすい。一方で、どうすれば子どもたちの学びが主体的になるのか、どうすれば子どもたちの学びを客観的に評価ができるのか、といったことは教師にとって大きな課題となる。とくに，「総合学習」で育成する資質・能力のうち、主体的に学ぶ態度については、見えにくく、測りにくい性質の資質・能力であるため、指導が難しいと感じる教師も多い。こうした教師の態度は、子どもたちが授業で学ぶ価値を十分に感じられないといった期待外れの結果を引き起こすことにつながる可能性

がある。このような中で、「総合学習」を実践する教師たちは日々より良い授業となるように模索をしている。

2. 修士論文で用いられた研究の方法とその背景

(1) 研究の経緯

　修士論文の著者は、「総合学習」に関する課題を教育現場で収集した上で、それらの解決に向けた示唆を得ることをめざした研究とするために、事例研究（ケース・スタディ）という研究の方法を採用している。

　研究を始めるに先立って、小学校教師を対象に「総合学習」についての質問紙調査を行った。すると、小学校教師には、「子どもたちが主体的ではなく、教師側のレールに乗せた学習になっている」、「子どもたちにどんな力がついたのかわからない」などの課題を感じていることが分かった。このような教育現場の教師の問題意識から、研究はスタートしている。また、どうすれば子どもたちが主体的に学ぶようになるのか、どのような手立てによって子どもたちの主体的に学ぶ姿は変容していくのか、という問いが土台となっている。

　ここでは、参考とする修士論文の研究が実際にどのように行われたのかについて、その背景も含めて説明したい。まず、この修士論文の著者は、小学校教員であり、これまでもどのようにすれば子どもたちが自ら進んで学んでいくような「総合学習」になるのかについて研鑽してきた。その中で、イエナプラン教育の実践も参考にしてきた。そのようなとき、現職の学校教員が1年目は大学院に通学し、2年目は学校等に勤務しながら研究を行う「大学院設置基準第14条特例」による研究の機会を得た。そして、改めて先行研究の文献調査を行う中で、イエナプラン教育における課題探究学習である「ワールド・オリエンテーション」に着目することとした。中でも、「異学年学習集団」や「サークル対話」等の手法が、子どもたちの「主体的に学ぶ態度」を育成するために有効な手立てとなり得ると仮説を立てた。著者は、実践を視察するために、オランダや日本国内のイエナプラン校に足を運んでいる。さらには、イエナプラン教育の研修に参加して、その手法を体験的に学んでいる。

　結果として、この研究は、学年を超えた異年齢編成の学習グループがサークル

対話を用いて学習を進めることで、子どもたちの主体的に学ぶ態度を育成することを試みるところとなった。そして、この事例について深く掘り下げ、子どもたちの主体的に学ぶ態度の変容について詳細に分析を行う事例研究となった。

（2）「総合学習」の単元の開発

　実践については、改めて関連する先行研究や書籍、実践事例等を幅広くレビューし、主にリヒテルズ（2019）が示した事例を参考にして行うことにした。具体的には、小学校の「総合学習」の2つの単元において授業開発と実践を行った。そして、それぞれの単元を実践1、実践2として、その前後の児童の変容について事例研究としてまとめることとした。対象は、第4学年、第5学年、第6学年の約300人であり、4から5人からなる異年齢学習集団のグループが編成された。なお、リヒテルズ（2019）は、イエナプラン教育は「子どもたちの自主性や主体性を重んじて、子どもたち自身の内発的な発達の力、学びへの意欲を引き出し、それを最大限に花開かせるための教育のあり方」であるオルタナティブ教育の1つであるとしている。その中で、「ワールド・オリエンテーション」について解説がされており、テーマ設定や探究のプロセスを基本とした「異年齢学習集団」や「サークル対話」を取り入れた授業実践の例を紹介している。これらを体系化した上で、授業の単元を開発し、事例研究として児童の主体的に学ぶ態度の変容を明らかにすることとした。

（3）開発した授業の量的な分析

　児童の主体的に学ぶ態度の分析にあたっては、児童から質問紙による量的なデータを収集し、教師からインタビューによる質的なデータを収集した。その後、それらの分析の結果に基づいて、子どもたちの主体的に学ぶ態度の変容を見取り、その要因は何であったのかについて論じている。

　質問紙調査では、浅海（1999）の「主体性尺度」、および梶田（1996）の「振り返りの諸相」から、小学校「総合学習」における「主体的に学ぶ態度」を測定するのに適した質問項目を作成した。作成にあたっては、予備調査を行っている。手続きとしては、先述した先行研究をもとに第4学年児童にも理解できるような文言に修正し、最終的に24項目を設定した。回答は、4件法で行い、「まっ

たく当てはまらない」から「よく当てはまる」までの4段階のいずれか1つに○を選択してもらうようにした。

　得られた質問紙調査の回答に対して、最尤法、プロマックス回転で因子分析を行なった。因子分析とは、ある変数の背後にある潜在的な構造（因子）を探る統計的な手法の一つである。ここでは、質問項目が子どもたちの主体的に学ぶ態度の要因として、どのような因子の構成になっているのかを確認するために用いられている。因子分析の結果、4因子が抽出された（24項目中2項目を、因子負荷量.350以上で複数因子に重複負荷していたため、削除して再度分析を行った）。抽出された4因子について、第1因子を「リフレクション」、第2因子を「粘り強さ」、第3因子を「興味・関心」、第4因子を「キャリア形成との方向づけ」と命名し、作成した質問項目を「総合学習における主体的態度」尺度として用いることとした。

　なお、調査の実施に当たっては、事前に学校長に対して、質問紙の結果を研究目的以外で使用しないこと、学校名及び個人の特定ができないように統計的に処理すること、データは厳重に保管することなどを書面で確認し同意を得ている。質問紙調査は、学級担任を通じて行われ、児童には質問紙の結果と学習の成績とは関係がないこと等の説明とともに、答えたくない質問には無理に答えなくてもよいことを説明している。

　このようにして作成された「総合学習における主体的態度」尺度を（2）で述べたように開発された単元において、授業実践の終了後、回収された事前、実践1の事後、実践2の事後の各因子得点の平均値を比較した。すると、事前に比べて、実践1の事後、実践2の事後の「リフレクション」が統計的に有意に高くなっていることがわかった。

　なぜ、「リフレクション」が変容したのか。それを解明するために、指導した教員（9名）に対するインタビューを行った。そして、実際に授業を行った教師の視点から、子どもたちの主体的に学ぶ態度の変容を明らかにしていった。結果として、活動の中で、異年齢編成の少人数グループによってリーダーになる児童が増え、発表の練習や振り返りが円滑に進んでいたことがわかった。また、少人数グループで必要に応じた振り返りを行うことで、結果的に児童が「主体的に学んだ」という実感を高めていたことがわかった。「興味・関心」「粘り強さ」

「キャリア形成との方向付け」においては、統計的に有意な差が見られなかった。これらの因子に関しても、インタビューの結果から、なぜ効果が見られなかったのかを考察している。そこから、時間的な限界や、各学年の教科・領域で扱う学習内容とのずれが生じるなどの課題が浮かび上がってきた。

このように、多角的な分析を加えることで、事例に対する効果的であった側面と期待するほどの効果が得られなかった側面の両方が浮き彫りにされていくのである。

3. 事例研究とは

事例研究が扱う分野は広い。事例研究は、ケース・スタディ（Case Study）とも呼ばれ、その学問的な範囲は、教育学のみならず、医学、看護学、福祉学、経営学など広範囲に及ぶ。ある事例研究は、個別の事例を取り扱い、その実践事例をより深く、より客観的に理解したい場合に用いられるであろう。また、別の事例研究では、ある問題に対しての仮説や示唆を得るために事例を研究するかもしれない。いずれにしても、事例研究は、その研究の目的に応じて、具体的な「事例」に当てはめることから始まるため、実際の学校現場の課題を解決する手立てや、そこで生じている何らかの事象を明らかにするのに有効となる。事例研究は量的なデータや質的なデータを収集・分析して行われる。また、限定された事例に焦点を当て、その変容を明らかにしたり、その変容を解釈したりするときに用いられる。

メリアム（2004）は、教育における事例研究を「実際に調査を遂行するプロセスや分析の単位（境界づけられたシステム、ケース）、あるいは最終産物という観点から定義される」としている。また、ステイク（2006）は、事例研究は質的か量的かという方法論的な選択ではないと述べている。つまり、事例研究は用いた調査の方法によって定義されるのではない。参考とした修士論文は、一つの学習集団を対象とし、質問紙によって量的に、インタビューによって質的に学びの変容を分析している。

4. 児童教育学における事例研究

　ここで取り上げた修士論文は、まず、教室の中にある実践的課題に対して解決を導くための手立てを検討している。次に、丹念に調査された先行研究に基づいて新規性・提案性のある授業を開発し、実践を行っている。さらに、授業実践によって得られた成果について質問紙やインタビューによって児童の変容や児童への効果を実証的に検証している。対象となった学習集団は、他の集団と比較されたり、統制された実験が行われたりしたわけではない。また、研究の結果がすぐに他の場面でもそのまま応用可能な普遍性を持ち得ているわけでもない。しかしながら、一つの事例として分析、考察がなされている事例研究は、教育の実践において様々な示唆を与え得る。たとえ、それが期待するような結果につながらなかったとしても、その結果は次の研究へと活かされる。事例研究は探索的研究であり、これらの事例研究が蓄積されることで、教育は発展していく。児童教育学が地域に根差し、実践的課題の解決を志向するのであれば、このような研究の蓄積はこれからも必要とされるであろう。

　事例研究は、他の研究の方法、例えば、実践研究（Practical Research）、フィールドワーク（Fieldwork）、単一事例研究（Single-case Research）、混合研究法（Mixed Method Research）等と明確な区別がなく使わる場合もある。これらは研究分野や研究者によって、異なっており、統一された認識には至っていない。この辺りは今後の児童教育学において整理される必要があるかもしれない。

　紹介した修士論文は普遍的な結論を導き出すことをめざしてはいない。しかしながら、そこから導き出された成果と課題は、今後の教育実践にとって意義ある示唆を与えている。なお、イエナプラン教育や事例研究についてさらに詳しく学びたい方は、以下の文献を参考にされたい。

文献

リヒテルズ直子『今こそ日本の学校に！イエナプラン実行ガイドブック』教育開発研究所，2019

ステイク，R. E.，油布佐和子（訳）「第4章　事例研究」，デンジン，N.K.&リンカン，Y.S.（編），平山満義（監訳）・藤原顕（編訳）『質的研究ハンドブック2巻　質的研究の設計と戦略』北大路書房，2006

メリアム，S. B.，堀篤夫・久保真人・成島美弥（訳）『質的調査法入門―教育における調査法とケース・スタディ－』，ミネルヴァ書房，2004

第16章
観察法

山田真世・渋谷清

> 【参考】
> 岸本有紀子「保育者の描画活動に関する考え方と実践とのかかわり―模倣を含めた多様な子どもの表現を育むために―」『福山市立大学大学院教育学研究科修士論文』，2024

1. 摸倣とは何か

保育場面において、子どもが友だちの折り方を真似してハートの形を折ったり、「運動会の思い出」を描くときに友だちの絵を見て描くことはよく見られる。このような他者の真似をする行為は「模倣」と呼ばれ、特に表現活動における模倣は、個性がない創造性の低いこととして否定的に考えられがちである。

しかし、「学ぶ」の語源は「真似る」であると言われるように、ヒトは他者の行為を真似ることでその行為や、文化における行為の意味を理解することができる。近年のヒトに関する研究では、他者の意図を推測して他者の行為を模倣すること自体がヒトの独自性であり、この独自性がヒト社会の文化継承と向上に寄与してきたと考えられている（トマセロ，2006）。さらに、芸術の歴史を見れば、ピカソが他者作品の模写を好んでいた（高階，1995）等、模倣と創造性にはむしろポジティブな結びつきが示唆されている。

このように模倣は幅広い学問領域でその意味が評価されてきているが、目の前で子どもが友達の絵と同じような絵を描いた時に、戸惑いを覚える保育者は多い。この戸惑いは、「模倣をする子どもの姿にどう声をかけたらよいのか」という保育行為に関わるものから、「模倣をする子どもをどのように捉えたらよいのか」といった子ども理解、「そもそも描画を含む表現活動とは何をめざすものだろうか」といった保育観にまで渡るものである。

本章で参考とした修士論文は、このような保育者の戸惑いを問題の出発点とし、幼児期の描画にみられる模倣の意味を保育者の視点から捉えなおすことを試みている。研究は、保育者を対象としたインタビュー調査と保育場面の観察調査からなっている。本章では観察法の説明を行うが、本修士論文ではインタビュー調査も重要な位置づけにある。そのため、次節以降では本修士論文全体のテーマと問い、方法論を紹介しつつ、観察法に焦点を当てていく。

2. なぜ保育者を対象に観察法で研究を行ったのか

（1）研究テーマから広がる研究対象と方法

「幼児期の描画における模倣」を研究テーマとするのであれば、研究対象、方法ともにいくつかのバリエーションが考えられる。研究対象としては、本修士論文で対象とした保育者だけではなく、幼児を研究対象としてもよいだろう。幼児を対象とした観察調査によって、描画場面で幼児がどのような模倣を行っているのかを検討することができる。また、幼児期の特徴を示すために、幼児と児童を対象として比較することも考えられる。

研究方法においても、本修士論文で採用されたインタビュー調査や観察法以外に質問紙法や歴史研究も考えられる。本修士論文のように保育者を対象としたインタビューであっても、保育者に自身の経験を語ってもらう形もあれば、「5歳児Aちゃんがお友達の描き方を真似している場面に遭遇した時、先生ならどうしますか？」などと仮想場面を設定して回答を求めることも可能である。このように児童教育学では一つのテーマに対して、様々な研究対象と研究方法からのアプローチが可能である。

（2）本修士論文での問いと研究対象、研究方法

　多様なアプローチが可能な中で、具体的な研究対象と研究方法は、研究テーマから導出された研究の問いに沿って選択される。本修士論文における研究テーマは「幼児期の描画における模倣」であるが、研究テーマに関連する先行研究を調べ、導出された問いは、以下の2つであった。

　　問い①　幼児の描画における模倣に対して、肯定的に考える保育者と否定的に考える保育者が存在するが、考え方の違いはどこからくるのか？

　　問い②　模倣を含めた幼児期の描画に対する考え方（＝問い①）は、保育者の保育行為とどのように関連しているのだろうか？

　問い①「幼児の描画における模倣に対して肯定的に考える保育者と否定的に考える保育者が存在するが、考え方の違いはどこからくるのか？」については、模倣への考え方、模倣を含めた描画活動についての考え方が、保育者の中で時間経過とともに変化していくプロセスを捉える必要性があった。そのため、保育経験を積んだ保育者を対象としてインタビュー調査を行い、保育者自身にこれまでを振り返って語ることを求め、その語りを分析した。

　問い②「模倣を含めた幼児期の描画に対する考え方は、保育者の保育行為と関連しているのだろうか？」では、保育者の考え方と保育行為を併せて検討する必要があった。そのため、インタビュー調査を行った保育者を対象に、日々の描画活動場面を観察した。環境構成を含む描画活動の導入、描画活動中の保育行為を観察対象とした。観察された保育行為は、インタビュー調査で得られた「模倣を含めた幼児期の描画に対する考え方」によって考察された。

3. 観察法とは

（1）見ることの不思議さと難しさ

　今、本書を読んでいる読者に、一度視線を上げて周囲を見渡してほしい。周囲を見渡したら、この文章に視線を戻し、先ほど見渡した範囲に「緑色のもの」がいくつあったか思い出してみよう。今思い出した数を忘れないようにして（可能ならば記録し）、もう一度周囲を見渡し、「緑色のもの」が何個あるのか確かめてほしい。数は合っていただろうか？　おそらくほとんどの読者で数が違っていた

と思う。「緑色のもの」に着目する前よりも、「緑色のもの」に着目した後の2度目の方が「緑色のもの」の数が増えたのではないだろうか。

　今、読者には非常にシンプルな観察をしてもらったわけだが、この観察からわかることが2つある。1つ目は、私たちは見えるものすべてを見ているわけではないということである。2度目の観察の前から「緑色のもの」はずっとそこに存在しており、あなたの目には「緑色のもの」が見えていたはずである。しかし、ただ漠然と見ているだけでは私たちはそれを認識したり、思い出したりすることができず、意識化できないのである。2つ目は、私たちは自分の知識から物事を見ているということである。『「緑色のもの」が何個あるのか確かめてほしい』と指示され、2度目の観察で周囲をよくよく見た時に、「これは緑色？」と戸惑ったものはなかっただろうか。例えば、日本の伝統色では、緑色と分類される色が10種類以上ある。青竹色や蓬(よもぎ)色は緑色と捉えられやすそうだが、海松色や麹塵(きくじん)色などは典型的な緑色とは言い難く、伝統色に関する知識がなければ「緑色のもの」と確信することは躊躇(ためら)われるだろう。つまり、読者が「緑色のもの」と捉えられる対象は、読者の緑色の知識により緑色と認識された対象のみなのである。

　観察法では、自然な状況において、現象を観察し、記録し、分析を行い、現象が生じるプロセスや文脈、現象のバリエーションなどを理解することが目指される。文化の発展により観察機器の選択肢が増え、学問や方法論の発達からより高度で複雑な分析が可能となってきているが、観察の最も基本な形は見ることと記録をすることである。そのため、他の研究方法よりもシンプルで簡易であり、現象を理解するための基礎的な方法として初学者に使用されやすい。しかし、先ほどの「緑色のもの」観察から、シンプルで簡易な観察であっても、観察をする者の視点のとり方や知識が問われる方法であることがわかるだろう。

（2）観察法の特徴
　ここでは中澤（1997）、西村（2016）を参考に観察法の特徴（観察法の状況設定、観察者の位置づけ、観察手法）について概観するが、観察法に興味を持った読者にはぜひこれらの文献や観察法に関する文献を精読してほしい。
　まず、観察法の状況設定として「自然観察法」と「実験的観察法」がある。「自然観察法」では、人為的な操作はせず、自然な状況の中で発生する自発的な

行動を観察し、記録し、測定していく。本修士論文の保育場面の観察は「自然観察法」に該当する。参加者が自然にふるまうように配慮した環境で観察を行うため、「自然観察法」から得られたデータは高い生態学的妥当性があると考えられる。また、自然な場面を観察することで、実験的な場面とは異なる行動が見られる場合もあることから、新しい問いや仮説の導出にも有効である。

　自然な状況でありのままを観察することが観察法の基本だが、「自然観察法」では観察対象となる行動が生じるまで時間がかかったり、行動を引き起こす要因の特定が困難であるといった短所もある。そのため、観察対象となる行動が生じる環境を設定した「実験的観察法」も行われる。

　観察法では、被観察者と観察者の関係の持ち方も重要なポイントとなる。本修士論文では、観察者は「みんなが絵を描いているところを見に来たお姉さん」と子どもたち（被観察者）に説明され、保育室内で観察をしていた。このように被観察者に観察者の存在が明示され、直接的に観察をすることを「参加観察」と呼ぶ。観察者の存在によって緊張が生じることもあり得るが、被観察者が観察者を受け入れた関係性となっていれば、近くで観察することで被観察者の感情やその場面の文脈をよりよく理解することが可能となる。他方、被観察者に対して観察者の存在を明示せずに、観察されていることを意識させないように観察を進める場合もあり、これは「非参加観察」と呼ばれる。被観察者に対する観察者の位置づけは、研究目的や被観察者の属性等によって選択される。

　最後に、観察場面での観察手法を紹介する。観察手法には、表16-1に代表されるような手法があり、研究目的等によって適切な手法が選択される。本修士論

表16-1　観察手法の種類と概要

日誌法	観察法の最も古い形態。育児日誌のように、規則的に特定の個人を日常的な行動の中で観察、記録する。
逸話記録法	その状況で生じているすべての行動を時間的な流れに沿って、エピソードの形で記録する。
時間見本法	行動を任意の時間感覚で区切り、観察対象となる行動の生起頻度や持続時間などを観察、記録する。
事象見本法	焦点となる行動を決め、行動の生起や過程、結果などを観察、記録する。

文は保育者の保育行為を焦点となる行動とし、保育行為の生起と経過、その結果について観察を行う事象見本法を採用している。

(3) 児童教育学と観察法

　中世まで、学問とは古文書を読解するものであったが、事実をありのままに見ることから科学が始まり、近代が始まった（中澤，1997）。発達研究もまた、自分の子どもの観察記録を日誌にまとめた日誌法から始まった。進化論の提唱者であるダーウィン、発達心理学の父と呼ばれるプライヤーは自分の子どもを観察し、自然な環境において生じる行動の変化を記述している（村田，1992）。これらの知見は子どもや発達の実態を提供し、問いを生み、さらなる観察や実験が行われ、データに基づいた議論が交わされることで理論が提案され、発達研究は盛んになっていった。

　現代で研究をしようとする私たちが方法論の歴史をなぞる必要はないが、見ることは科学的解明を行うための初歩的姿勢である。児童教育学においても、知識や理論を蓄積しつつ、子どもの実際を観察し、その観察から知識や理論を問い直すことが求められる。

　付記
　本章は山田が原案を執筆し、共同で加筆・修正を行った。

文献

村田孝次『発達心理学史』培風館，1992

中澤潤「序章　人間行動の理解と観察法」，中澤潤・大野木裕明・南博文（編）『心理学マニュアル　観察法』北大路書房，1997，pp.1-12

西村純一「4　観察法」，西村純一・井上俊哉（著）『これから心理学を学ぶ人のための研究法と統計法』ナカニシヤ出版，2016，pp.35-48

高階秀爾『ピカソ剽窃の論理』筑摩書房，1995

トマセロ，M．，大堀壽夫・中澤恒子・西村義樹・本多啓（訳）『心とことばの起源を探る：文化と認知』勁草書房，2006

第17章

インタビュー法

高澤健司

【参考】
藤井美保「成人期におけるジェネラティヴィティの変容プロセスの検討」『福山市立大学大学院教育学研究科修士論文』, 2022

1. 双方向の言葉のやりとりから意識を探る

　私たちは日常において言葉を通したコミュニケーションをとっている。そのコミュニケーションも一方的に言葉を発するのではなく、互いに発した言葉を理解し、その理解をもとに次の言葉を生み出すことで成り立っている。研究においても協力者から話された言葉から、その発した意味や内容を分析する研究方法があり、インタビュー法や面接法と言われる。インタビュー法は言葉を話せることができれば実施が可能なことから、幅広い年齢層や状況にある協力者を対象に行うことができ、発話の内容により質問の内容を臨機応変に変えることができたり、深く掘り下げて尋ねることをすることができたりするという特徴がある一方で、目的を明確にして行わないと、適切なデータ収集につながらないおそれもある。ここでは、インタビュー法を用いた研究を紹介するとともに、インタビュー法の特徴について考えてみたい。

　なお、インタビュー法は大きく分けると、面接を受ける側の問題解決を目的と

した臨床的面接法と、面接をする側の問題解決を目的とした調査的面接法があるが、ここでは後者の調査的面接法について取り上げる。

2. 修士論文で用いられた研究の方法とその背景

(1) 修士論文の目的

　この修士論文は、世代性または生殖性と訳され、次の世代への世代サイクルを念頭においたジェネラティヴィティに関して、成人期における発達について検討したものである。つまり、後進の教育や育成におけるジェネラティヴィティ、その中核概念とされる内的欲求、そこから派生するケア概念、および他者との相互作用に関するプロセスを明らかにした。具体的には、成人期の発達は複雑であるものの、人はどのような内的変容を経てジェネラティヴィティを獲得できるのか、その関係を示すために、後進育成に関わる成人期後期の男女を対象に半構造化面接を行い、後進育成を通じて発達するジェネラティヴィティの変容プロセスを検討するものである。

(2) 修士論文の方法

　後進の教育や育成に関わっている成人期後期（40歳から65歳）の男女15名（男性8名、女性7名平均年齢49.5歳）がインタビューに参加した。McAdams（1993）のロヨラ世代性尺度と、深瀬・岡本（2010）の老年期心理社会的課題に関する質問事項のうち第Ⅶ段階に関する質問項目を参考に、全16項目のインタビューを行った。事前に面接依頼書にて目的・概要等を説明した上で、研究協力者の承諾を得てICレコーダーと筆記により行い、インタビュー終了後に逐語録を作成した。インタビュー時間は、平均1時間3分（最長2時間2分～最短23分）となり、逐語記録の量は、合計204,332文字となった。

　分析方法としては修正版グラウンデッド・セオリーアプローチ（M-GTA）を用いた。木下（2020）によると、M-GTAは、インタビューの逐語録データから概念を生成し、複数の概念間の関係を解釈的にまとめ、最終的に結果図として提示するものである。本修士論文では、データに根差した分析が可能になるように、分析テーマを「内的欲求に基づくジェネラティヴィティの変容プロセス」と

設定した。最初に特に発話内容の深い事例1の逐語録データから分析テーマと関連の深い箇所を具体例として、初期の概念名・概念の定義を分析ワークシートに記入した。また、データの関連個所に着目し、それを一つの具体例（バリエーション）とし、かつ、他の類似具体例をも説明できると考えられる、説明概念を生成する。同様に、他の研究協力者の逐語録からもデータ分析を進め、事例1と類似する具体例やデータの関連個所にも着目・収集し、概念の定義と概念名の修正を行いながら概念を生成していった。分析ワークシートは個々の概念ごとに作成し、同時並行で他の具体例をデータから探し、ワークシートのバリエーション欄に追加記入した。理論的メモには解釈の際に参考になるアイデアや注意点、他の概念との関連性についての検討を記入した。この作業を概念が安定し、新たな概念が生成できなくなるまで繰り返した。分析ワークシートによる概念生成後に、概念間の関係について理論的メモを参照しながら検討し、サブカテゴリーとして集約した。次に、複数の概念の関係からなるサブカテゴリー相互の関係と、サブカテゴリー間の関係を検討し、カテゴリーとして集約した。それらの分析結果をまとめ、その概要をストーリーラインとして簡素に文章化し、さらに結果図を作成した。

（3）修士論文の結果と考察

　分析の結果、34個の概念が生成され、13個のサブカテゴリー、4個のカテゴリーにまとめられた。そこでは、「時間的パースペクティブにおける視点獲得」「個体性・関係性における内的ダイナミクス」の2つのプロセスが見いだされた。本修士論文におけるジェネラティヴィティの変容プロセスとして、個体のライフサイクルと世代間的ライフサイクルがカテゴリーとして生成された。青年期におけるアイデンティティでいったん主体化、焦点化した自己は、成人期におけるジェネラティヴィティの相でズームを引き、自他や過去の経験を対象化・相対化・縮小化し、それは同時に世代サイクルという大きな流れの一部に自己を組み込む認識のプロセスともいえることが示された。

3. インタビュー法とは

　インタビュー法（面接法）とは、「被面接者と対面しながら必要な情報を収集する方法で、ケース（事例研究）を主体としており、双方向的なやりとりを行ないながら語ったことばを主な資料として、対象者の内面について理解しようとする。そのため、面接は目的をもった会話といわれることがある。」（杉山, 2013）とされている。つまり、ことばを用いた双方向の対話を通して、そのことばや非言語的な振る舞い、態度から協力者の内面を理解し、データ化する方法と言える。

　主として話し言葉を通して行うことから、協力者は話し言葉を話せることが条件であり、小学校低学年から高齢者まで、また身体が不自由な方も対象にすることができ、他の研究法よりも比較的幅広い人びとからデータを得ることができる。その一方で、調査者と協力者の間で言語が通じあえることも条件となることから、特に外国人を対象とするインタビューを行う際には、どの言語を用いるか、質問項目を翻訳する場合はその翻訳が適切かを確認する必要がある。

　インタビュー法の形式としては、同じ質問項目を準備された手順に従ってすすめる構造化面接、ある程度の質問項目を設定し、協力者の回答によって適宜質問項目を変えていく半構造化面接、目的やテーマについて協力者に自由に話してもらう非構造化面接がある。構造化面接の特徴としては、面接というプロセスを体系化することによって、測定などの信頼性と妥当性を高められるという利点がある（下津, 2018）。半構造化面接は、決められた質問項目に加え、協力者の回答内容に応じて枝分かれした質問をしたり、質問を追加したり、質問の順序を変更することができる面接法である。協力者の自由な回答をある程度許容して進められることから、調査者の技量の差をある程度抑えられる一方で、どのように問いかけるかについては調査者の知識と技量が必要な方法である（金井, 2018）。そして非構造化面接は、協力者に自由に話してもらうことにより、個別具体的な検討から仮説生成を行うことが目的とされ、その後に一般化できる知見を提供するために構造化面接などによって仮説検証を行うのが一般的である（細越, 2018）。

4. インタビュー法の進め方

　インタビューにあたっては、インタビューを始める前にラポールの形成が重要である。保坂（2000）によると、調査者と協力者の間に自然で温かな親和的な心の交流があることが求められ、そのような関係の中ではじめて協力者は自己の問題に立ち向かったり、率直に自分の気持ちを語ったりすることができるようになる。このような関係が生じていることをラポールとよぶ。

　次に依頼時に述べた研究目的、協力者としての抽出の理由と方法、録音の許可、記録の管理や結果の公表のしかたについてあらためて伝える。そして、面接への参加は自由であり、記録の拒否や、面接の途中であっても中止の申し出が可能であることを伝えておくことが必要となる（中澤, 2000）。

　録音などで得られたデータについては、基本的に調査者自身が文字に起こす。この書き起こしを転記し、転記記録（トランスクリプト）を作成する。仮説生成研究や発話カテゴリーを予備的に作成する場合には、発話内容の類似性や相互関係などを KJ 法（川喜田, 1967）といった方法を用いて分類や整理をすることによって構造化を図ることが多い（中澤, 2000）。

5. インタビューの分析法

　インタビュー法のデータ分析は主に発話データを分析する。その分析には発話の回数をカウントするといった量的分析もあるが、発話の内容をカテゴリー分けするといった質的分析がされることが多くなってきた。ここでは KJ 法と M-GTA について概観する。

　KJ 法（川喜田, 1967）は得られた発話を内容ごとにカードや付箋に記入し、類似した内容同士でグループを作成していく。最初は小さなグループが多数作られるが、その小さなグループ同士をつなげて大きなグループを作成していく。やがて大きなグループがいくつかできたところで、グループ同士の関係について記録をしていくことで、研究テーマの構造化を目指すという方法である。

　修正版グラウンデッド・セオリー・アプローチ（M-GTA）は複数の協力者の

発話データについて、分析テーマと協力者の中の一人を分析焦点者として設定し、まず分析焦点者の発話をコード化して分析テーマと照らし合わせながら概念を生成していく。その生成された概念を土台に、次の協力者の発話データから概念を生成し積み重ねていく。そして次の協力者の発話といった具合でこれらの手順を繰り返すことで、新たな概念が生成されない時を迎え、このことを理論的飽和と呼ぶ。生成された概念について、次は概念同士の関係を図示した概念図を作成し、その概念図を説明するストーリーラインを書くという方法である（木下, 2003）。

　ほかに、非可逆的時間上にある行動や選択を焦点化する等至点を置き、そこに至り、その後の時間上にあるありようを図示していく TEM (Trajectory Equifinality Model)（安田・サトウ, 2012）などがあり、インタビュー法による質的データに関する客観的な妥当性や信頼性を確立させようという試みが活発になっている。今後もインタビュー法の研究は増えていくと考えられることから、インタビュー法の研究動向に注目していく必要があるだろう。

文献

保坂亨「人間行動の理解と面接法」, 保坂亨・中澤潤・大野木裕明（編著）『心理学マニュアル面接法』北大路書房, 2000, pp.1-8

細越寛樹「非構造化面接法」, 三浦麻子（監修）, 米山直樹・佐藤寛（編著）『なるほど！心理学面接法』北大路書房, 2018, pp.48-59

金井嘉宏「半構造化面接法」, 三浦麻子（監修）, 米山直樹・佐藤寛（編著）『なるほど！心理学面接法』北大路書房, 2018, pp.32-45

川喜田二郎『発想法』中央公論新社, 1967

木下康仁『グラウンデッド・セオリー・アプローチの実践　質的研究への誘い』弘文堂, 2003

木下康仁『定本 M-GTA　実践の理論化をめざす質的研究方法論』医学書院, 2020

中澤潤「調査的面接法の過程」, 保坂亨・中澤潤・大野木裕明（編著）『心理学マニュアル面接法』北大路書房, 2000, pp.92-104

下津咲絵「構造化面接法」, 三浦麻子（監修）, 米山直樹・佐藤寛（編著）『なるほど！心理学面接法』北大路書房, 2018, pp.22-30

杉山憲司「性格心理学」, 藤永保（監修）『最新心理学事典』平凡社, 2013, pp.410-414

安田裕子・サトウタツヤ（編著）『TEM でわかる人生の経路　質的研究の新展開』誠信書房, 2012

第18章

アクションリサーチ

藤原顕

> 【参考】
> 松野雄太「小学校社会科授業における社会科学的知識の学習―対話的理解を生み出す活動の組織を通して―」『福山市立大学大学院教育学研究科修士論文』、2020

1. アクションリサーチとは

　教育者・保育者は、日々の実践のなかで、子どもたちから発せられるさまざまな問題とつねに向き合っている。例えば、子ども同士がうまく関われない、子どもたちの話し合いが充実しない、といった問題である。

　こうした子どもの問題の解決が目指される場合、教育・保育のあらたな方法が導入されるであろう。その上で、そうした方法に基づく試行的な実践の結果、問題は解決できたのか否かが検討されることになる。

　この検討は、実践中や後に子どもたちの様子をよく観るといった、直観的なレベルで済ませることも可能である。しかし、それでは本当に問題解決に至ったのか、判断するには不十分だとするなら、実践の結果に関わったさまざまなデータの収集が必要になる。例えば、子どもたちの言動の音声や動画の記録、子どもによる描画や作文などである。

　このようなデータが組織的に収集され、あらかじめ想定された分析方法で検討

され、問題解決の状態に関する評価が行われるならば、これは学問的な研究の試みと言える。こうした実践者が自身の実践の向上をめざして行う研究は、アクションリサーチ（action research）と呼ばれる（藤原，2017，2020）。

　アクションリサーチは、直訳すれば実践研究となる。実践研究という場合、広く解釈すると、研究者が他者の実践を第三者的に対象化して行う研究も含まれえるものの、これはアクションリサーチに該当しない。また、実践者が自身の実践を研究する試みであっても、理論の水準から見て実践の現状は不十分なので、その理論を適用して効果を調べる研究もありえる。この場合、研究の主眼は既存の理論の実践への適用にあり、前述のような子どもが抱える問題の解決は二義的になることもある。これに対して、アクションリサーチは、実践者が自身の状況の中で向き合っている子どもの問題を起点として、その問題を解決していこうとする志向こそが基本になる。以下、こうしたアクションリサーチが試みられている上掲の修士論文に即しながら、この研究方法について述べていく。

2．アクションリサーチの手続き (1) ―子どもの問題の研究の課題化―

　上掲修士論文（著者は小学校教師）の場合、子どもの問題は、授業で特定の子どもが中心となって話し合いが進んでしまうということであった。つまり、聞き手となる他の子どもの消極性ゆえに、交流する場を設けても、多くの子どもが話し合って学ぶことができているとは言い難い状況が研究の起点にあった。

　しかしながら、こうした話し合いを通して学びが深まらないという子どもの問題の認識から、すぐさま研究が開始できるわけではない。と言うのは、なぜ話し合いが学びにつながらないのかと考えた場合、さまざまな要因を想定できるからである。例えば、子どもに話し合いのスキルが不足している、話し合いのトピックが子どもの興味を引かない、話し合いで他者の発言に応答しようとする構えが乏しい等々である。研究を進めるには、このような要因の内どれが子どもの問題を生み出していると見なせるのか、検討する必要がある。

　そのために求められるのが、何よりも先行研究の検討である。この論文の場合、子ども同士の話し合いに関する先行研究で取り上げられることの多い、バフチン（Bakhtin, M. M.）の対話論が検討されている。その結果、話し合いの不

十分さは、異質で多様な発言が現れて、それゆえに活発な交流が生じる主体間対話の不足だと捉えられている。そうした豊かな主体間対話のなかでは、自他の考えの差異が吟味され、他者への応答が喚起されると見なされている。同時にそこから、他者の考えに触発されながら自己の考えが明確されていく主体内対話、すなわち多声的な考えの形成による対話的理解が生じるとされている。言い換えれば、自他の考え＝声が内面で響き合いつつ自身の考えが形成されていくといった、深い学びが成立していくことになる。

このように、話し合いを通して学びが深まらない事態が、先行研究の検討によって、豊かな主体間対話から深い主体内対話への移行の未達と捉え返されている。つまり、素朴で漠然とした子どもの問題を、学問的な概念による把握を通して研究可能な課題として設定する、すなわち子どもの問題の、研究の課題化がなされているわけである。

3. アクションリサーチの手続き（2）―実践的仮説の構成―

研究の課題が設定されたならば、次はその課題をどう解決していくかが構想されることになる。そのためには、研究の課題が実践の目標状態と見なされ、その目標を達成するための手段が探究されることになる。言い換えれば、ある方法を採ればある目標を達成できるという、実践上の目的―手段連関を表した実践のための仮説、すなわち実践的仮説の構成が目指される必要がある。

上掲修士論文の場合であれば、上記の豊かな主体間対話から、深い主体内対話への移行は、どうすれば達成できるのかが問われている。その際まず、前件の異質で多様な発言が交流される主体間対話の実現について検討されている。こうした豊かな主体間対話の促し方を構想する際、通常は2で述べたような対話論が検討の対象となろう。しかし、論文の著者が採ったのは、子どもの学習の対象に関わった先行研究を検討するという行き方である。

この論文の場合、小学校6年生社会科の単元「国の政治のしくみと選挙」の授業において、アクションリサーチが取り組まれている。この単元における子どもの学習内容の中心は、選挙の概念である。この概念を巡って、著者は、社会科学論の文献を検討しつつ、選挙のような社会科学的概念は本来、多義的であるとい

う見解に至っている。つまり、社会的事象の認識は、その認識主体の価値観に左右されることが多い。例えば、選挙については、民主的意思決定の最良の手段とされる場合もあれば、投票率の低さから機能不全に陥っていると見なされることもある。

　こうした多義性を見いだせる社会科学的概念が学習内容であるならば、その学習もそうした多義性に即したものとして構想しえる。例えば、この論文の場合、選挙に関わって「投票率5割を切った状態で本当に多数派の意見と言って良いですか、いけませんか」という発問が構想されている。この発問は、上記の選挙概念の多義性を手掛かりに、異質で多様な発言を子どもたちから引き出そうとするものである。子どもたちからは、投票しないのも1つの意思表明だ、5割なら過半数が全体の1/4に過ぎなくなるなどの発言が出ると想定できる。

　こうした投票率の低さの教材化、その教材を巡る二項対立的な発問の構想を、論文の著者は、教育方法学における教材論と発問論に関する先行研究の検討から導き出している。前者に関わっては、子どもの興味・関心を引き出す教材の特性として親近性と意外性が着目されている。その結果、子どもにとっても身近な投票行動、意外な投票率の低さといった社会的事象の教材化へとつながっている。また、後者に関わっては、「子どもに自身の考えや立場の明確化を促しやすいことへの着目を通して、上記のようなXかYかという二択発問の構成へと」とつながっている。

　さらに、以上のようにして実現される豊かな主体間対話に基づいて、深い主体内対話を達成していく手段については、社会科授業実践に関する先行研究が検討されている。その結果、次のような手順を指示するワークシートが作成されている。すなわち、①発問に対する自己の考えを記述、②他者の考えを立場ごとに分類し記述、③自他の考えの差異、それに対する意見や質問を記述、④話し合いの内容をふり返って再度自分の考えを記述、である。

　以上のように、対話という学習活動に加えて、学習内容や教材・発問といった学習の対象、さらには授業実践に関わった先行研究の多面的な検討から、次の実践的仮説が設定されている。すなわち、①発問を通して親近性、意外性という要件をもつ教材に即した二項対立場面を実現することができれば、豊かな主体間対話が促される。②主体間対話がワークシートを足場にして行われることを通し

て、主体間対話から主体内対話への移行、すなわち多声的な考えの形成による対話的理解の成立が可能になる。

4. アクションリサーチの手続き（3）—データの収集と分析—

　上記のような実践的仮説が設定できたならば、それに基づいて単元計画が立てられることになる。この計画に基づく授業の実施は通常の実践と同じであるものの、実践中にどのようなデータを収集するか、事前の想定が必要である。

　上掲修士論文の場合であれば、授業のビデオ記録、子どもたちのグループ対話の音声記録、子どもによるワークシートの記述がデータとなっている。これらは、上記の実践的仮説の妥当性の検討に関わった必要性から収集されている。つまり、発問を通して親近性、意外性という要件をもつ教材に即した二項対立場面が実現できたか否かには、授業ビデオが関わる。同様に、グループでの豊かな主体間対話の実現には音声記録が、主体間対話から主体内対話への移行＝多声的な考えの形成による対話的理解の成立にはワークシートの記述が関わる。

　さらに、こうした収集されるデータに応じて、その分析方法もあらかじめ想定しておく必要がある。この論文の場合、ビデオ記録から教師の視点で授業中の諸々の出来事（教師の言動とその意図、子どもの言動）を関連づけながら、授業記録が作成されている。これは、授業コミュニケーションの単純な転写（いわゆるＴ―Ｃ記録）では見えない授業の状況を描き出すものである。この記録中に随時、教師＝研究者の状況解釈を織り込んでいくことで分析が進められる。また、グループ対話の音声記録は談話分析の方法で、さらにワークシートの記述はカテゴリーにコーディングしていく分析方法で、それぞれ検討されている。

5. アクションリサーチの手続き（4）—実践的仮説の妥当性の検討—

　このような多面的なデータ収集とその分析を通して、実践的仮説の妥当性が検討されることになる。こうした実践的仮説の妥当性の検討では、想定通り方法は実施されたか、目標とされる子どもたちの状態は生じたかが問われる。

　前者の方法の実施の結果については、上記の授業記録の分析のような、実践の

事実を描き出す試みを通して確認できる。一方、後者の目標の達成状態については、談話分析やワークシートの記述のコーディングのような、学習の状況を詳細かつ丁寧に捉える試みを通して確認することが必要となる。

　この目標の達成状態に関わって、上掲修士論文の場合、談話分析を通して、グループでの個々の子どもの発言（全2,500件超）が他者の発言に対する有意味な反応となっているケース＝隣接ペアの抽出と、それの3つのパターンへの分類がなされている。その結果、そうした隣接ペアが全発言中68.7％、その内、有意味性のより高い意見―能動的応対パターンが58.3％であったことから、豊かな主体間対話という目標はおおむね達成と見なされている。また、ワークシートの記述については、他者の言葉の引用と視点の多重化という観点からのコーディングを通して、6のカテゴリーが生成されている。これらのカテゴリーを手掛かりに、134件のワークシートの記述の内116件（86.5％）に、多声的な考えの形成による対話的理解が確認でき、この目標もおおむね達成と見なされている。

6. アクションリサーチが児童教育学研究にとって持つ意味

　以上のようなアクションリサーチが児童教育学研究にとって持つ意味を考える際、まずこの試みが単一の事例研究である点には留意が必要である。つまり、アクションリサーチは、個別具体的な実践の文脈を越えて、実践的仮説が普遍的に妥当するという一般性を主張しようとする試みではない。とはいえ、一事例であっても実践的仮説と対応していると見なせる実践の事実を示すことで、その仮説の確からしさは高まることになる。したがって、アクションリサーチの知見は、同様の実践に取り組もうとする他の実践者に、転用可能性という点において具体的な示唆を与える可能性を持ちえる。

　また、アクションリサーチは、研究的実践を通して実践者の成長に寄与できる。つまり、アクションリサーチは、研究を通した実践経験のリフレクションを実践者に促す。その結果、とりわけ上で述べたようなデータ収集と分析を通して、日常的実践では生じえないリフレクションの深化をもたらす。このようなリフレクションの深化は、実践の改善とともにそれを超え出て、例えば自身の子ども観や実践観を捉え直してみるなど、実践そのものを相対化する契機を、実践者

に与える可能性を持ちえる。

文献

藤原顕「アクションリサーチ」，日本教師教育学会（編）『教師教育研究ハンドブック』学文社，2017，pp.94-97

藤原顕「教師による自立的なアクションリサーチの方法論に関する検討」『福山市立大学教育学部研究紀要』，8，2020，pp.71-83

第Ⅲ部
地域に根ざした児童教育学の構築に向けた挑戦

　第3部では、児童教育学が今後向かうべき方向、並びに前進するのに必要なステップを考察した。福山市立大学教育学部児童教育学科在学生と、保育・教育現場等で活躍中の卒業生との対談（対話実践）を手がかりに児童教育学のこれまでと現在地点を確認し、児童教育学の今後の挑戦（向かうべき方向・ステップ）を本書のまとめとして述べている。

第19章

対話を通じた児童教育学の挑戦

田中直美・高澤健司

1. 対話の意義

「教育は自己や他者との対話を通じて深めていく魅力的な学問領域」福山市立大学のホームページでこのように教育学部の紹介がなされているように、対話は教育という学問において重要な営みである。実際、本学の教育学部児童教育学科では、目の前にいる他者や例えばテキストの背後にいる他者と共に、教育そのものや教育を取り巻く事象について考える時間が多く設けられている。こうした他者との対話は、既存の知識や常識を問い直し、対話者の思考を整理したり、視野を広げたりするだけでなく、新たな知の構築や対話者間の関係性の再編へと誘うこともあるだろう（中原・長岡，2009、安斎・塩瀬，2020）。こうした対話による新たな知の創造や対話者間の関係性の再構築については、多くは組織論に関連して論じられているが、他方で、対話の意義は、異他的なるものと接することで、知を問い直し、物事をより深く考え、世の中の常識や自らの思い込みから解放されることで、他者と共に生きることにもあるだろう（梶谷，2023、片柳，2007）。

このような意義ある学問に携わる者として、これまでわれわれ福山市立大学の教員は「今後の両学部を考える集い」をはじめとして積極的に対話の機会を設け参加してきた。もちろん、この対話の大切さは教員というメンバーや授業時間に限定されるものではない。例えば、児童教育学に携わる人々（研究者や学生、実

践者など）と学問を通した交流を行う機会として位置づけられている「学術の日」が挙げられる。2023年度は「どうつながる？現場と児童教育学」というテーマで、研究交流会を行った。ここでは、教育学部教員による研究発表における質疑応答や対話によるふりかえりを通して、現場と児童教育学の教育研究の結びつきを確認し、"地域"や"実践"の捉え方、つながりの在り方について理解を深めると同時に、児童教育学の理論的な課題を明確にした（山田・山中，2024）。

　以上のように、われわれはこれまでも対話を通して新たな知を創造する試みを行ってきたが、次節で論じるように、こうした対話の意義を踏まえ、教員や在学生だけでなく、児童教育学に携わるメンバーとして保育・教育現場で活躍する卒業生を交えた座談会の機会を設けた。

2. 卒業生を交えた座談会

　座談会の目的は、教育・保育現場の実践の中に生じる課題と関連して、大学で学修した児童教育学がどのように活かされるのか、さらに、児童教育学がどのような意義をもち、どのような方向に向かうべきなのかなどについて考察することである。

　座談会の参加者は、教育コースと保育コースからそれぞれ、在学生2名、卒業生2名の計8名であり、ファシリテーターを田中が務め、太田・高澤・森の教員3名は対話を見守る形で参加した。2023年11月12日（日）13：00-14：30に福山市立大学の書道教室にて実施した。

　当日は、太田による挨拶及び倫理的配慮についての説明、高澤による趣旨説明の後に、「福山市立大学での学びとは？」というテーマで、哲学対話のルールとコミュニティボールを用いて、対話をおこなった。なお、哲学対話とは、素朴で身近であるが、すぐには答えが見つからなさそうな疑問について、みんなで語り合って思考を深めていく活動である（土屋，2019）。

　対話の中で挙げられた福山市立大学の教育学部での学びは、例えば、教育コースと保育コースの学生が「子どもを育てる」という共通の想いに支えられながら共に学ぶことで、乳児期から児童期までの教育や子どもという存在を連続的に考えることができること、実習や模擬授業を通して友人たちと学び合い・高め合う

関係性を築けること、教師としてのコミュニケーションの仕方を学べることなどである。

　また、保育・教育現場で活躍中の卒業生によれば、現場では日々何らかの実践を行っているが、その実践を自らふりかえり、その時々に必要な人に相談した上で実践に赴くというサイクルが大切であり、そのサイクルは在学中の実習などで学んだことであった。一方で、こうした「実践→反省→対話→実践」というサイクルができるように心がけたいが、目の前の子どもに対する実践で精一杯になってしまい、意識して反省と対話の時間を設けなければ、あまり確保することができない実情も吐露された。この話を受けて、在学生たちは、在学中に対話できる仲間を大切にすることや記録を取ることの意義を改めて実感していた。

　今回の座談会の主な内容は、以上のような保育・教育現場で活躍するための具体的な実践的学びであった。卒業生によれば、時には実践の中で、大学で学んだ理論を思い出すこともあるようだが、対話のなかで理論と実践の結びつきが具体的に言葉として表現されることはなかった。しかし、今回の対話の内容からは、対話のふりかえりで話題となったように、大学での理論的な学びが、とりわけ「リフレクション論」（ショーン、メジロー、ヴァン＝マーネン、コルトハーヘンらを背景とする）の理論が、直接的に言及されなくとも、彼らに身についていることがうかがえよう。

3. 対話の必要性

　以上のように、在学生・卒業生・教員が一堂に会する座談会を設けたことで、改めて対話の大切さをうかがい知ることができる。というのも、在学生と卒業生にとっては、彼らが直接的に言語化した学修やその応用を再確認し、学修を継続する意欲を高める契機となっただけでなく、教員が間接的に表現された理論的な学びを看取し、それに言葉を与え学びの輪郭を描写することで、さらに別の視点から探究を深める契機となったからである。

　また、教員にとっても、対話のふりかえりで高澤が「自分のために学び始めたことが、目の前の子どものため、そして社会のためになっていくことを感じられる」機会となったと述べていたように、児童教育学のこれまでと現在の地点の一

端を確認する機会となったといえよう。

　さらに今回の対話からは、児童教育学に携わる教員の課題も看取することができる。例えば、対話のふりかえりで太田が述べていたように、対話の中で理論や座学での学修の大切さやその活用について触れられていたものの、具体的な内容は話されなかったことから、講義のあり方を再考したり、児童教育学の目的などを再確認したりする必要性が課題として考えられる。

　今回の対話を手がかりに確認することができた児童教育学の現在の地点に、われわれはどのように向き合い、児童教育学は今後どのような方向に向かうべきなのだろうか。引き続き、対話を重ね、新たな知を創造していきたい。

付記
本章は田中が原案を執筆し、田中と高澤が共同で加筆・修正を行った。

文献

安斎勇樹・塩瀬隆之『問いのデザイン：創造的対話のファシリテーション』学芸出版社, 2020
藤原顕「自己探究に基づく教師のリフレクションの在り方」『福山市立大学教育学部紀要』福山市立大学教育学部, 9, 2021, pp.31-45
中原淳・長岡健『ダイアローグ対話する組織』ダイヤモンド社, 2009
梶谷真司『問うとはどういうことか 人間的に生きるための思考レッスン』大和書房, 2023
片柳榮一『ディアロゴス―手探りの中の対話―』晃洋書房, 2007
ショーン, D., 柳沢昌一・三輪建二（訳）『省察的実践とは何か―プロフェッショナルの行為と思考』鳳書房, 2007
土屋陽介『僕らの世界を作りかえる哲学の授業』青春出版社, 2019

山田真世・山中真悟「教育学部「2023学術の日」報告」『福山市立大学教育学部紀要』福山市立大学教育学部, 12, 2024, pp.i-ii

第20章

地域に根ざした児童教育学の構築に向けて

森美智代

1. 未完成の「児童教育学」

「はじめに」で述べたように、私たちは今までにない「児童教育学」を模索中である。その完成には、大学生、大学院生、さらには子どもたちを前に奮闘する保育者、小学校等の教師、子どもと共に生きる家族といった児童教育学を実践し研究する人々が不可欠である。本書で試みたのは、その完成へと向かう一端であり、終盤に位置づく本章においてもなお完成には至っていない。

しかし、児童教育学の完成においては小さな試みにすぎないものの、私たちは今ここに至るまでに多くの困難を乗り越えてきた。異なる経験的・学問的背景を持つ研究者が一つの章を共著として共に執筆担当し、論稿という形にまとめるまでには、何度も対話が繰り返された。また、在学生と卒業生とが対話をし、彼らと大学教員たちが対話をした。大学院生の修士論文について扱う章では、大学院生の研究との対話もあったと言える。

そして、「2024学術の日」には、本書と同じタイトルでシンポジウムを開催し、本学大学院修了生(小学校教員)や他大学の研究者を招聘し、対話を行なった。そこには学外からの参加者も多く集まり、ICTを用いて多くの質問や意見が交わされた。

ここに至るまでに、さまざまな形で、さまざまな対話が実現した。しかし、この対話は楽しいだけのものではなく、以下のような難しさの上に実現したもの

でもあった。

2. 裏づけの異なる学問が交わることの難しさ

　国語や理科等の各教科の授業で、論理の妥当性を考える際に用いられているトゥルミンモデルという論証モデルがある。このモデルは、データ（事実）から主張に対して伸びた矢印の下に、理由づけ、その下に裏づけが配置されたモデルで、主張の下には反証と条件が位置づいている。しかし、長い間、このモデルにおける理由づけと裏づけが区別されずに誤解されてきた（難波 p.51）。トゥルミンモデルは、正しくは「ある特定の学問や法体系に関する論理の妥当性を判断するための図式」である。このことからわかるのは、学問や法体系が違えば、理由づけは理由にならないということ、そして、異なる学問どうしの議論で、論理の妥当性を判断することの難しさである（難波 p.52）。

　しかし、私たちは、異なる学問を背景に持ちながらも対話を繰り返してきた。果たしてそれは、別のモデルでしか論理的に説明のできない主張を互いに言い合っていただけなのであろうか。あるいは、幸運にも、裏づけのための新たな学問の場を創生し、互いの主張をすり合わせていったのかもしれない。私たちが繰り返した対話とはどういったものなのであろうか。

3. 対話とは何か

　対話は、「呼びかけと応答」によって始まると言う（村岡 p.163）。人と人との対話であれば、呼びかける人がいて、それに応答する人がいる。その場に居合わせ、ただ目の前にいるだけでは対話は始まらないが、誰かが呼びかけることによって対話が始まる。声で呼びかけることもあれば、肩を叩くこともあろう。一方、呼びかけられた者がその呼びかけに対し、不機嫌そうに無視をした場合も、応答である。究極的には、呼びかけられた者は否応なく応答してしまうのだとも言える。論文や研究との対話の場合は、文章（や論）が受け手に呼びかけ、受け手が応答することで対話が始まる。ただ並んでいるだけの文字を眺めるだけでは呼びかけにはならない。一方で、理解しようとしても理解できないという場合で

あっても、そういう応答がそこにはある。

　その上で、私たちの身近にある議論のための方法、弁証法について振り返ってみたい。弁証法とは一般的に、ある主張（テーゼ）に対し、反対の主張（アンチテーゼ）を統合することにより、より高次の主張（ジンテーゼ）を導き出す「止揚（アウフヘーベン）」の考え方を土台にした思考法であるとされる。例えば、女性の主張と、それに反する男性の主張を統合することにより、より高次の次元に到達できるという考え方である。その場合、両者の主張は同等の価値があり、一方が過度に尊重されるということがあってはならない。しかし、実際の、日常場面における議論はどうであろうか。日常場面においては男女に限らず、背後にさまざまな権力構造が作用しており、主張の統合に偏りが生じることも少なくない。このように、弁証法は対話（ダイアローグ）ではなく、モノローグへと転落する危険性をはらんでいるのである（村岡 p.186）。

　本書に関わり、繰り返されてきた対話の多くは、弁証法的な議論であったかもしれない。その中で新たに導き出された、より高次の主張もあったであろう。しかし、それだけではない。異なる主張と対峙するたびに、その理由づけと背後にある裏づけの場（学問の場等）が異なることに直面し、確かであったはずの従来の学問体系等が揺らいだこともあったはずである。確かなものが揺るがされること、これは、とても不安で受け入れ難いことである。それでも、ここにこそ、新たな学問の創生の可能性が開かれている。不安で受け入れ難い出来事に直面しながらも、「子どもからはじまる」という共通項を手がかりに、呼びかけることをやめずに応答した結果が、本書なのである。

4.「地域」という共有体験

　私たちの対話を支えていたのは何であろうか。その一つが、「子どもからはじまる」という共通項であったのは間違いない。ここでは、それに加えて「地域」があったことを記しておきたい。地域は、本書においては「子育てや保育・教育が展開される場」のことを言う（本書「はじめに」より）。子どもはこの世界に生まれ、徐々に世界を知り、世界に参加・適応し、世界を営み、築くようになっていく（同上より）。つまり、「この世界」を共有する私たちであったということ

が、私たちの対話を支えていたのでないだろうか。

　保育・教育の現場で重視される「共有体験」については、子どもたちの自尊感情をいかに育むかという文脈で論じられるところである（近藤 p.6）。その際の共有体験は、体験（例：共に金魚を埋葬する）の共有に加え、感情（例：寂しさ・辛さ）の共有があると説明されている（近藤 p.116）。そして、この共有体験で重要となるのは「共同注視（joint attention）」である。共同注視とは同じ対象を共に眺めている二人の行為のことであるが、そこには情緒的な交流が必要である。この共同注視等によって重ねられた共有体験が、両者の情緒的なつながりや親密性を深め、それが自尊感情を育む土台となっていくということである。

　思えば、私たちの対話は、共有体験であった。それに加え、私たちは同じ地域に生き、同じ地域を見て、そこに生きる子どもたちの姿に感動し、疑問を持ち、時には使命感を抱いてきた。私たちは、地域という共有体験の場に支えられて、対話を繰り返してきたのである。

5. 対話を繰り返していくこと

　児童教育学の構築に向けて、私たちにできることは何か。それは、対話を続けていくことであろう。その際重要となるのは、同じ地域に生き、同じものを見て、感情を共有することである。そして、呼びかけることをやめないこと、あるいは、呼びかけられることを妨害しないことである。

　私たちが異なる主張と対峙する時、そしてそれを弁証法とは別の仕方で受け止めようとする際、呼びかけることよりも「呼びかけられること」（＝応答すること）がより重要な意味を持つ。それは、論文や研究との対話の場合を思い浮かべてみるとよい。先に述べたように、論文や研究との対話の場合は、文章（や論）が受け手に呼びかけ、受け手が応答することで対話が始まる。しかし、実際には、文章はただそこに在るだけで、声をかけたり肩をたたいたりするわけでない。呼びかける側がどんなに言葉を尽くそうとも、呼びかけられる側がその呼びかけに気づかなければ、対話は始まらないのである。

　同じ地域に生き、同じものを見て、私たちは何を感じるのか。感じるということ、それは、何かに呼びかけられることであるとも言えるかもしれない。そし

て、すぐ横にいる誰かと対話を始める、それを続けていくことで、私たちの児童教育学は構築されていくのであろう。

引用文献
近藤卓『自尊感情と共有体験の心理学：理論・測定・実践』金子書房、2010
難波博孝『ナンバ先生のやさしくわかる論理の授業―国語科で論理力を育てる―』明治図書、2018
村岡晋一『対話の哲学ドイツ・ユダヤ思想の隠れた系譜』講談社、2008

おわりに

　児童教育学とは何か。児童教育学は何をめざしているのか。これらの問いに答えるために、この書籍は作られました。出版のための第1回目の会議は、2022年12月22日に、福山市立大学研究棟5階の小さな一室において開催されました。今から振り返ると、この時の会議に参加した6名の委員は、当初、必ずしも同じ方向をめざしていたとは言えないかもしれません。委員の経歴は様々であり、福山市立大学教育学部の開学時より在籍するものから着任して間もない教員までの幅広いメンバーでした。また、委員だけでなく、そもそも福山市立大学教育学部の教員の構成は、控えめに言ってもかなり多様なバックグラウンドを背負っております。

　しかしながら、この多様性は、児童教育学を多様な角度から議論し、分析し、構築していくための根幹を支えています。執筆の作業が進むにつれて、学問分野や専門性、あるいは立場や世代の垣根を越えて対話することの重要性に改めて気づかされました。そして、今、ようやく最終の頁に辿り着きました。現代の保育・教育には乗り越えなければならない課題が山積しており、その課題は複雑性を増しています。保育・教育に関わる多様な立場にある人たちにとって、それらの課題を解決していくための最初の一歩を踏み出すため、この書籍が活用されることを願っております。

　なお、本書の制作・出版には、学部在学生、卒業生、大学院在学・修了生、教職員、そして様々な形での地域の方々のご協力がありました。また、大学教育出版様には、慣れない作業を最後までサポートしていただきました。この場をお借りして皆様に感謝申し上げます。

編者

索引

AD/HD　72
ALACTモデル　131
COVID-19　101
KABC-Ⅱ検査　73
KJ法　188
STEAM教育　91
TEM　189
WHO　5
WISC-V　72
アクションリサーチ　190
遊び　23
アフォーダンス　12
安全　46
アンティシペーションダイアローグ　7
暗黙知　131
イスラエル　105
一次資料　154
因果関係　89, 169
インクルーシブ　81
インクルーシブ教育　100
インクルージョン　100
インターカルチュラル教育　158
インタビュー　173
インタビュー法　184
インフォームド・コンセント　170
ウクライナ　101
歌　23
エビデンスベースド　84
エンパワーメント　2
応答的な存在　10
オープンダイアローグ　6
落ちこぼれ　79
音楽科　24
音楽ホール　142
外国につながる子ども　152
外国にルーツを持つ児童（CLD児）　72
外国にルーツを持つ児童・生徒　66
介護等体験　129
概念的定義　168
かがく遊び　52
学業不振　72
学業不振児　78
学際的　ⅱ
学習指導要領　77
学習障害　100
学習する学校　132
学習目標　40
学童保育　100
仮説検証型研究　168
仮説生成　187
仮説探索型研究　168
仮想空間　27
価値観　27
学校教育家庭科　4
学校教育法　78
学校教育法施行令　78
家庭　ⅱ
家庭科　4
身体　25
身体知　27
感覚　49
環境構成　33
環境上の援助　11
環境整備　76
環境を通して行う　32
関係づくり　10

観察　76
観察法　178
鑑賞　139
記述統計　84, 88
基本的人権　97, 101
キャンデル　162
キューブモデル　162
教育　ⅱ
教育課程　71
教育公務員特例法　129
教育職員免許法　128
教育的ニーズ　70, 76
教員の専門性　80
教員の地位に関する勧告　129
教員免許状　128
教科カリキュラム　31
共感　11
教材　193
教材・教具　44
教材研究　40
教職実践演習　129
教職大学院制度　130
グローカル人材　66
グローバル化　57
グローバル人材　66
経験　25
継続的な子育て支援　2
研究の課題　192
言語活動　40
言語障害　73
言語聴覚士　74
コア・カリキュラム　129
構造化面接　187
合理的配慮　76, 100
交流及び共同学習　71

コーディング　195
個人差　167
子育て支援学　14
「コツ」と「カン」　48
言葉　10
言葉掛け　9
ことばの教室　74
ことばの相談室　74
こども家庭庁　106
こども基本法　106
子どもの権利　98
子どもの権利委員会　99
子どもの権利条約　97, 98
子どもの最善の利益　99
子どもの問題　191
こどもまんなか社会　107
子ども観　195
子ども理解　80
個別支援計画　72
困り感　75
コルトハーヘン　131
コロナ禍　104
混合研究法　176
参加観察　182
サンプルサイズ　169
自己運動　19
自己評価　133
自然観察法　181
実験計画　168
実験的観察法　181
実験デザイン　168
実験法　168
実践観　195
実践研究　176
実践知　134

索引　211

実践知形成　135
実践的仮説　192
実践的学び　200
質問紙　168
質問紙調査　173
児童憲章　97
児童福祉法　97
指導方法　74
自閉症・情緒障害特別支援学級　72
自閉スペクトラム症　75, 166
社会科　63, 147
尺度　168
就学先　70
就学相談　73
就学前　2
修正版グラウンデッド・セオリーアプローチ（M-GTA）　185
従属変数　167, 169
縦断的研究　133
授業記録　194
熟達雰囲気　51
主体性　33
主体的な活動　35
主体的な存在　9
シュナイダー　162
障害　70
障害者差別解消法　100
情動　166
剰余変数　169
ショーン　131
初任者研修制度　129
自立活動　77
史料批判　155
事例研究　195
人権　170

人権侵害　105
推測統計　84, 88
睡眠　75
図画工作　147
スキャモンの発育曲線　101
ストレングス　76
生活機能　75
生活綴方　152
生活リズム　75
省察　131, 135
省察的実践家　131
生成的形成　135
セクシャルマイノリティ　152
接続期カリキュラム　31
センゲ　132
専修免許状制度　130
相関関係　169
造形遊び　45
造形教材　46
総合的な学習の時間　63, 147, 171
総合療育センター　74
操作的定義　168
創造　25
創造性　45
相談　76
促進学級　79
対話　2, 191, 198
妥当性　194
多様性　58, 70
単一事例研究　176
段階比較法　163
談話分析　195
地域　ii
逐語録　185
知的障害　73

知能検査　72
中堅教諭等資質向上研修　129
通級による指導　70
データ　173
データサイエンス　83
データベース　155
哲学対話　199
転記記録（トランスクリプト）　188
展示　138
転用可能性　195
動感　49
動機づけ　134
統計教育　83
統計的思考力　86
特殊学級　78
特別支援学級　70
特別支援学校　70
特別支援教育　70
特別なニーズがある子ども　152
独立変数　167, 169
二次資料　154
乳児期　11
乳幼児期　v
妊娠期　2
ネウボラ　3
ねらい　33
能力主義　79
ノーバディーズ・パーフェクト・プログラム　3
博物館　147
発達　165
発達障害　101
発達相談　74
発達段階　46
発問　193

バフチン　191
パレスチナ・ガザ　105
半構造化面接　185, 187
ハンス　163
パンデミック　102
比較教育学　161
比較の四段階研究法　160
非構造化面接　187
非参加観察　182
美術館　138
表現　22
標準化　168
ヒルカー　161
不安　166
フィールドワーク　176
深い学び　192
普通免許状　128
ブレイとトマス　162
プレコンセプション・ケア　4
プログラミング教育　91
プログラミング的思考　91
文化　22
分離した特別支援教育　80
ペーパー・ティーチャー　130
ベレディ　163
変数の統制　168
変容的形成　135
保育　ii
保育学校　102
保育者　9
保育所保育指針　3
保育分野　4
包括的セクシュアリティ教育　4
補助学級　79
ポランニー　131

学び続ける教師　132
マルチモーダル　28
民間人校長　130
面接法　184
模倣　178
ヤヌシュ・コチャック　98
ユネスコ　5
要因　165
幼児期　12
幼保小接続期　v
ラポール　188

リアル（現実空間）　27
理科　54, 147
リフレクション　135, 195
リフレクション論　200
臨時的任用教員　130
歴史学習　147
歴史的な事実　154
連携　75, 138
ワークショップ　140
わらべうた　23

執筆者一覧と分担（五十音順）

池田　明子（いけだ　あきこ）　　　福山市立大学　　　　　3章1・3・5、9章1・2
伊澤　幸洋（いざわ　ゆきひろ）　　福山市立大学　　　　　6章1・2・5
今中　博章（いまなか　ひろふみ）　福山市立大学　　　　　刊行にあたって
上山瑠津子（うえやま　るつこ）　　福山市立大学　　　　　9章4・5、10章1
太田　直樹（おおた　なおき）　　　福山市立大学　　　　　7章1・2・4
大庭　三枝（おおば　みえ）　　　　福山市立大学　　　　　5章2、8章2
古山　典子（こやま　のりこ）　　　福山市立大学　　　　　2章1・3、11章3・5
渋谷　清（しぶや　きよし）　　　　福山市立大学　　　　　4章1・2・3・6、11章2、16章
正保　正惠（しょうほ　まさえ）　　福山市立大学　　　　　1章1・2・3・4・6
高澤　健司（たかさわ　けんじ）　　福山市立大学　　　　　10章3、17章、19章
高橋　実（たかはし　みのる）　　　福山市立大学名誉教授　　8章1
田中　直美（たなか　なおみ）　　　福山市立大学　　　　　19章
西村多久磨（にしむら　たくま）　　東京理科大学　　　　　7章1・2
野口　啓示（のぐち　けいじ）　　　福山市立大学　　　　　8章3
林原　慎（はやしばら　しん）　　　福山市立大学　　　　　5章1・3・4、11章1・4、15章
平野　晋吾（ひらの　しんご）　　　福山市立大学　　　　　6章1・3・5、14章
藤原　顕（ふじわら　あきら）　　　福山市立大学名誉教授　　18章
松尾浩一郎（まつお　こういちろう）福山市立大学　　　　　9章3
三山　緑（みやま　みどり）　　　　福山市立大学　　　　　10章2、13章
森　美智代（もり　みちよ）　　　　福山市立大学　　　　　3章4、12章、20章
山内加奈子（やまうち　かなこ）　　福山市立大学　　　　　1章6
山田　真世（やまだ　まよ）　　　　福山市立大学　　　　　2章1・2・4、16章
山中　真悟（やまなか　しんご）　　福山市立大学　　　　　4章1・2・5・6、7章3
山西　正記（やまにし　まさき）　　福山市立大学　　　　　4章1・2・4・6
吉井　涼（よしい　りょう）　　　　福山市立大学　　　　　6章1・4・5、12章
渡邉　真帆（わたなべ　まほ）　　　福山市立大学　　　　　1章5・6、3章2

■編者紹介

「子どもからはじまる保育・教育」編集委員会

池田　明子　（いけだ　あきこ）福山市立大学教育学部児童教育学科教授
今中　博章　（いまなか　ひろふみ）福山市立大学教育学部児童教育学科教授
太田　直樹　（おおた　なおき）福山市立大学教育学部児童教育学科准教授
林原　慎　　（はやしばら　しん）福山市立大学教育学部児童教育学科教授
平野　晋吾　（ひらの　しんご）福山市立大学教育学部児童教育学科准教授
森　美智代　（もり　みちよ）福山市立大学教育学部児童教育学科教授
吉井　涼　　（よしい　りょう）福山市立大学教育学部児童教育学科准教授

■カバーデザイン

渋谷　清　（しぶや　きよし）福山市立大学教育学部児童教育学科教授

子どもからはじまる保育・教育
―地域に根ざした児童教育学―

2025 年 3 月 30 日　初版第 1 刷発行

■編　者 ― 「子どもからはじまる保育・教育」編集委員会
■発行者 ― 佐藤　守
■発行所 ― 株式会社　大学教育出版
　　　　　〒700-0953　岡山市南区西市 855-4
　　　　　電話（086）244-1268　FAX（086）246-0294
■印刷製本 ― モリモト印刷㈱

© 2025, Printed in Japan
検印省略　落丁・乱丁本はお取り替えいたします。
本書のコピー・スキャン・デジタル化等の無断複製は、著作権法上での例外を除き禁じられています。本書を代行業者等の第三者に依頼してスキャンやデジタル化することは、たとえ個人や家庭内での利用でも著作権法違反です。本書に関するご意見・ご感想を右記サイトまでお寄せください。

ISBN978-4-86692-346-8

大学教育出版 書籍のご案内

人権教育と道徳科の接合点
人権課題を題材にした道徳授業の展開

河野辺 貴則 著

道徳科の新設は、人権教育の実践にどのような影響を与えたのか。本書は、教室で実践されている人権教育と道徳科の接合点を教材と授業実践の両側面から探求し、人権教育と道徳科の連動に向けた知見を提示する。

ISBN978-4-86692-260-7　　　定価：本体2,000円+税　A5判　178頁

道徳教育の理論と実践 第2版

石村 秀登・末次 弘幸 編著

道徳教育に関する内容を理論編と実践編に分けて解説する。理論編では、主に教育哲学の研究者が道徳や倫理の基本的な思想、道徳的発達や道徳教育の歴史を取り扱い、実践編では、主に経験豊富な学校教諭が初等中等教育における道徳教育の実際と課題を示す。

ISBN978-4-86692-321-5　　　定価：本体2,000円+税　A5判　240頁

初等教育の未来を拓く
子どもと教師のウェルビーイングに向けて

初等教育カリキュラム学会 編

社会のデジタル化や地球温暖化、環境汚染、国際緊張、感染症などにより初等教育の現在と未来が危うい状況の中で、本書では、わが国の初等教育カリキュラムや授業実践の背景や課題を明らかにしつつ、子どもと教師のウェルビーイングに向けた考え方を提言する。

ISBN978-4-86692-328-4　　　定価：本体2,300円+税　A5判　230頁